Beck-Wirtschaftsberater

Personalgespräche richtig führen

Ein Kommunikationsleitfaden

Von Uwe Drzyzga

Deutscher Taschenbuch Verlag

Originalausgabe

Deutscher Taschenbuch Verlag GmbH & Co. KG,
Friedrichstraße 1a, 80801 München
© 2000. Redaktionelle Verantwortung: Verlag C. H. Beck
Druck und Bindung: C. H. Beck'sche Buchdruckerei, Nördlingen
(Adresse der Druckerei: Wilhelmstraße 9, 80801 München)
Satz: primustype Robert Hurler GmbH, Notzingen
Umschlaggestaltung: Agentur 42 (Fuhr & Partner), Mainz
ISBN 3 423 50840 X (dtv)
ISBN 3 406 46014 3 (C. H. Beck)

Für meine Frau Anke

Vorwort

Liebe Leserin, lieber Leser,
dieser Leitfaden richtet sich an Praktiker, die andere Menschen führen. Gleichermaßen richtet es sich an diejenigen, die zukünftig Mitarbeiter führen werden und sich bereits im Vorfeld mit der Thematik auseinandersetzten möchten. Er soll Ihnen Hilfestellung bieten und gleichzeitig die Möglichkeit geben, sich einmal außerhalb Ihres Berufsalltages mit dem Thema „Führen durch Kommunikation" auseinanderzusetzen.

Er soll Ihnen aber auch Ihre Rolle als Kommunikationsmanager vor Augen führen. Denn beim Personalgespräch spielt der Vorgesetzte die wesentliche Rolle in der Gesprächsführung.

Der Leitfaden kann Ihnen jedoch keine Patentrezepte liefern, denn wie alle Gespräche ist auch das Personalgespräch gekennzeichnet durch die Gesprächsteilnehmer und deren Individualität, die Gesprächsinhalte, die Ziele und die organisatorischen Rahmenbedingungen. Darüber hinaus erhebt er nicht den Anspruch auf Vollständigkeit. Dies läßt sich bereits aufgrund der Vielzahl von Personalgesprächen nicht realisieren. Er soll Ihnen in erster Linie einen raschen Überblick verschaffen und vermitteln, daß Kommunikation die Basis erfolgreichen Handelns ist. Die Gliederung des Gespräches, wie sie eingangs vorgestellt wird, läßt sich jedoch auf nahezu alle Personalgespräche, bei denen es um Sachinhalte geht, anwenden.

Der Leitfaden läßt darüber hinaus selektives Lesen zu. Dies bedeutet, daß Sie einzelne Gespräche „herausgreifen" und bearbeiten können, ohne das Buch in seiner Gesamtheit zu lesen. Anzuraten ist jedoch, die Kapitel 1 bis 6 in Zusammenhang mit den Gesprächsbeispielen zu bringen, da sie in aller Kürze allgemeine Grundsätze der Gesprächsführung beinhalten.

Möge das Buch Ihnen eine gute Hilfe in Ihrer praktischen Arbeit sein.

Für Anregungen und Verbesserungsvorschläge bin ich jederzeit dankbar.

Ich wünsche Ihnen viel Spaß beim Lesen und vor allem beim Umsetzen in die Praxis.

Berlin, im November 1999 *Uwe Drzyzga*

Inhaltsverzeichnis

Vorwort VII

Einleitung 1

1. Gliederung des Sachgespräches

1.1	Gesprächsziele	3
1.2.1	Organisatorische Vorbereitung	4
1.2.2	Psychologische Vorbereitung	7
1.2	Gesprächsvorbereitung	4
1.3	Gesprächsdurchführung	8
1.3.1	Eröffnung des Gespräches	8
1.3.2	Darstellung des Gesprächsanlasses	9
1.3.3	Kerngespräch	9
1.3.4	Gesprächsabschluß	10
1.4	Gesprächsauswertung	10

2. Einige nicht so ernst gemeinte Ratschläge 13

3. Techniken der Gesprächsführung

3.1	Aktives Zuhören	15
3.2	Fragetechnik	17
3.3	Reversibilität der Gesprächsführung	19
3.4	„Ich-Botschaften"	20
3.5	Vier Seiten einer Nachricht	21
3.6	Allgemeine Grundsätze der Verständlichkeit	23

4. Urteilstendenzen 25

5. Bedeutung des Johari-Fensters 29

6. Betriebsklima 33

7. Einstellungsgespräch

7.1 Zielsetzung und Vorbereitung des Gespräches 35
7.2 Formen der Gesprächsdurchführung 36
7.3 Phasenablauf des Gespräches 37
7.4 Auswertung und Folgen des Gespräches 39
7.5 Gesprächskonzept 40
7.6 Gesprächsbeispiel 41

8. Einführungsgespräch

8.1 Gründe und Vorbereitung des Gespräches 47
8.2 Mitarbeiterorientierte Gesprächsdurchführung 48
8.3 Folgen des Gespräches 49
8.4 Gesprächskonzept 50
8.5 Gesprächsbeispiel 52

9. Kritikgespräch

9.1 Zielorientierte Kritik 57
9.2 Berücksichtigung der Rahmenbedingungen 58
9.3 Fehler in der Gesprächseröffnung 59
9.4 Gesprächsdurchführung 59
9.5 Konsequenzen des Gespräches 61
9.6 Gesprächskonzept 62
9.7 Gesprächsbeispiel 64

10. Mitarbeitergespräch

10.1 Vorbereitung unter Berücksichtigung des Gesprächsstils 69
10.2 Auswertung des Gespräches 70
10.3 Gesprächskonzept 71
10.4 Gesprächsbeispiel 72

11. Dienst- oder Arbeitsgespräch

11.1 Rechtliche Grundlage und Arten von Weisungen 77
11.2 Vorbereitung der Auftragserteilung 78
11.3 Beauftragung des Mitarbeiters und Nachbearbeitung des Gespräches 80

Inhaltsverzeichnis XI

11.4 Gesprächskonzept 81
11.5 Gesprächsbeispiel 83

12. Beurteilungsgespräch

12.1 Anlaß und rechtliche Grundlage 87
12.2 Vorbereitung des Gespräches 88
12.3 Dialogische Gesprächsdurchführung 89
12.4 Folgen des Beurteilungsgespräches 91
12.5 Gesprächskonzept 92
12.6 Gesprächsbeispiel 94

13. Rückkehrgespräch

13.1 Ziel des Gespräches, Gründe und Kosten der Fehlzeiten 103
13.2 Mitarbeiterorientierte Gesprächsführung 105
13.3 Nachbereitung des Gespräches 106
13.4 Gesprächskonzept 107

14. Fehlzeitengespräch

14.1 Anlaß des Gespräches 111
14.2 Gesprächsvorbereitung und -durchführung 112
14.3 Rechtliche Konsequenzen 114
14.4 Gesprächskonzept 117

15. Abschlußgespräch

15.1 Gesprächspartner und Gesprächstermin 123
15.2 Formen der Gesprächsdurchführung 124
15.3 Kombinierte Gesprächsdurchführung 125
15.4 Auswertung der Gesprächsergebnisse 126
15.5 Gesprächskonzept 127
15.6 Gesprächsbeispiel 129

Literaturverzeichnis 133

Einleitung

Kommunikation im Unternehmen gewinnt zunehmend an Bedeutung. Zum einen liegt dies darin begründet, daß sie eine unabdingbare Voraussetzung zur Erreichung unternehmerischer Ziele darstellt. Gerade in wirtschaftlich schwierigen Zeiten mit steigendem nationalen und internationalen Konkurrenzdruck ist es wichtig, die gesteckten Ziele so effizient wie nur irgend möglich zu erreichen. Zum anderen dient Kommunikation im Unternehmen der Verbesserung bzw. der Aufrechterhaltung des guten Betriebsklimas und beugt somit einer erhöhten Fluktuation von Arbeitskräften vor. Der Informationsaustausch hat nicht nur einen sachlichen Aspekt, so z. B. die Information über die gegenwärtige Situation, über Probleme, Ziele usw. Eine mindestens ebenso wichtige, wenn nicht sogar überragendere Rolle spielt der psychologische Aspekt. So führt das Informiertsein aufgrund des Informationsvorsprungs zu positivem Ansehen, Macht und Einfluß. Des weiteren gibt es den Mitarbeitern im Unternehmen die Sicherheit, von Entwicklungen nicht überrascht zu werden.

Aus diesen Gründen haben Vorgesetzte in einem Unternehmen nicht nur die klassischen Aufgaben, wie Ziele setzen, planen, organisieren, entscheiden und delegieren, sondern auch dafür zu sorgen, daß Kommunikation im Unternehmen stattfindet.

Eine besondere Bedeutung in der unternehmerischen Kommunikation kommt den Personalgesprächen zu. Hierbei handelt es sich um Gespräche zwischen Vorgesetzten und Mitarbeitern. Dies bedeutet, daß zwischen den Gesprächspartnern eine hierarchische Distanz besteht. Sie ist charakteristisch für das Personalgespräch und unterscheidet es von den meisten anderen Gesprächsformen. Das Personalgespräch wird zwischen zwei oder mehr Angehörigen desselben Unternehmens geführt und bringt zum Ausdruck, daß optimale Erfolge nur erzielt werden können, wenn verbale Kommunikation im Unternehmen nicht nur horizontal, sondern auch vertikal praktiziert wird.

Einleitung

Das verbale Kommunizieren verlangt vom Vorgesetzten, daß er eine Vielzahl von Rahmenbedingungen berücksichtigt, wie z. B. die Beachtung von Gesprächsstilen, aber auch, daß er die Fähigkeit besitzt, sich in die Situation des Gesprächspartners zu versetzen und dessen Ängste, Bedürfnisse, Hoffnungen und Erwartungen erkennt.

Da die Gesprächsanlässe zwischen Vorgesetztem und Mitarbeiter höchst unterschiedlich sein können, läßt sich das Personalgespräch in eine Vielzahl von Gesprächen gliedern. Da diese Gespräche unterschiedliche Zielsetzungen verfolgen, sind sie sowohl in der Vorbereitung und Durchführung als auch in der Auswertung individuell zu gestalten.

Personalgespräche, gleich welcher Art, sollten vom Vorgesetzten sorgsam vorbereitet werden. Eine gründliche Vorbereitung erfordert zwar relativ viel Zeit, die jedoch aufgrund der effizienten Gesprächsdurchführung relativiert wird. Außerdem läuft der Vorgesetzte geringere Gefahr, daß Gespräche wegen mangelhafter Vorbereitung abgebrochen bzw. vertagt werden müssen. Auch die Auswertung der Personalgespräche sollte vom Vorgesetzten sorgfältig durchgeführt werden, da sie Besprochenes und Vereinbartes erst in die Tat umsetzt. Außerdem kann die Auswertung des einen Gespräches in die Vorbereitung des anderen Gespräches einfließen und somit die Durchführung weiterer Gespräche erleichtern.

1. Gliederung des Sachgespräches

Da es sich bei dem Personalgespräch in den meisten Fällen um ein Sachgespräch handelt, sollen eingangs die Phasen eines solchen Gespräches dargestellt werden. Bei dem Sachgespräch stehen zu klärende Sachfragen und der Austausch von Informationen und Meinungen im Vordergrund. Das Sachgespräch verfolgt Ziele, die vor der eigentlichen Gesprächsdurchführung festgelegt werden. Die nachfolgende Gliederung des Gespräches ist jeweils mit den einzelnen Arten von Personalgesprächen in Verbindung zu bringen.

1.1 Gesprächsziele

Es bedarf keiner weiteren Erklärung, daß ein Gespräch nur dann erfolgreich geführt werden kann, wenn sich beide Gesprächspartner im klaren sind, welches Ziel bzw. welche Ziele sie verfolgen. Schließlich müssen die Gesprächspartner wissen, warum ein Gespräch stattfindet, wann es erfolgreich geführt wurde und wann es beendet ist. Aus diesem Grund ist es verständlich, daß die Festlegung und Definition von Gesprächszielen vor der Gesprächsvorbereitung erfolgen muß. Zu unterscheiden sind persönliche und sachliche Ziele. Persönliche Ziele liegen im emotionalen Bereich und haben subjektive Bedeutung. Sie konzentrieren sich in erster Linie darauf, eigene Bedürfnisse zu befriedigen bzw. eigene Interessen durchzusetzen. Die persönlichen Ziele sind für jeden einzelnen immer wichtiger, als die sachlichen Ziele, da sie den Motivationskräften entspringen. Die sachlichen Ziele sind im rationalen Bereich angesiedelt und haben eher objektive Bedeutung. Vor Augen führen sollte man sich, daß beide Ziele im Gespräch eng miteinander verbunden sind.

Des weiteren wird zwischen Haupt- und Teilzielen unterschieden. Diese Unterscheidung ist wichtig, wenn das globale Hauptziel nicht in einem Gespräch erreicht werden kann. Der Versuch, ein Gespräch zu überladen, schafft Verwirrung. Ein Gesprächsziel ist nur effektiv und zielstrebig zu erreichen, wenn es konkret umrissen ist und unmittelbar angestrebt werden kann. Der Vorgesetzte sollte nicht versuchen, mehr aus einem Gespräch herauszuholen, als im Rahmen einer Zusammenkunft erreicht werden kann. Ein Gespräch ist zu beenden, wenn das gesteckte Ziel erreicht wurde. Sollte dies nicht geschehen, läuft der Vorgesetzte Gefahr, den erzielten Erfolg zunichte zu machen bzw. zu verwässern, falls weitere Themen angeschnitten werden. Damit Gesprächsziele nicht ungenau und schwammig formuliert werden ist es notwendig, sie zu operationalisieren. Dies bedeutet, daß sie bezüglich ihres Inhaltes, Zeitrahmens und Erfüllungsgrades eindeutig bestimmt werden müssen. Operationalität setzt darüber hinaus eine an den Handelnden angepaßte Zielformulierung voraus. Mit anderen Worten: das gesteckte Ziel muß für den Ausführenden verständlich sein.

1.2 Gesprächsvorbereitung

Zweck der Gesprächsvorbereitung ist es, zu überlegen und zu planen, wie man die gesetzten Ziele bestmöglich erreicht. Für die Gesprächsvorbereitung sollte sich der Vorgesetzte genügend Zeit nehmen, da die Gesprächsdurchführung um so reibungsloser verläuft und die investierte Zeit meist „aufgeholt" wird. Bei schlechter Vorbereitung riskiert der Vorgesetzte, daß das Gespräch abgebrochen bzw. vertagt werden muß. Außerdem kann ein gut vorbereitetes Gespräch sinnvoll gegliedert und anhand eines „roten Fadens" auf das Ziel ausgerichtet werden. Die Vorbereitung sollte sowohl in organisatorischer (technischer) als auch in psychologischer Hinsicht erfolgen

1.2.1 Organisatorische Vorbereitung

Um die organisatorische Vorbereitung durchzuführen, sollte sich der Vorgesetzte die folgenden Fragen beantworten:

1.2 Gesprächsvorbereitung

Wer nimmt am Gespräch teil?

In der Regel wird sich die Auswahl der Teilnehmer aus dem Gesprächsziel bzw. -anlaß ergeben. In den meisten Fällen handelt es sich beim Personalgespräch um ein „Vier-Augen-Gespräch". Es kann auf Wunsch der Teilnehmer aber auch zu einem „Sechs-Augen-Gespräch" werden, wenn z. B. der Betriebsrat oder ein Sachverständiger am Gespräch teilnimmt.

Wo wird das Gespräch durchgeführt?

Der Gesprächsverlauf bzw. das -ergebnis wird u. a. geprägt durch die Umgebung, in der das Gespräch stattfindet. Nach Möglichkeit sollten Personalgespräche nicht im Büro des Vorgesetzten stattfinden, sondern in gesonderten Besprechungszimmern, um keine unnötigen psychischen Barrieren zwischen Vorgesetztem und Mitarbeiter aufzubauen. Des weiteren hat die Wahl des Gesprächsortes unter dem Gesichtspunkt eines störungsfreien Ablaufes zu erfolgen. Besonders wichtig ist dies, wenn es um persönliche Angelegenheiten des Mitarbeiters geht. Störungen im Gesprächsverlauf können leicht Auswirkungen auf die Beziehungsebene haben, da sich der Mitarbeiter abgelehnt fühlt. Es entsteht rasch der Eindruck, daß dem Vorgesetzten nicht viel an dem Gespräch liegt. Es könnte eine negative Gesprächsatmosphäre entstehen. Ein störungsfreies Gespräch zeigt dem Mitarbeiter welchen Stellenwert er bei seinem Vorgesetzten einnimmt. Einfache Aufträge und kurze Informationen können dem Mitarbeiter selbstverständlich an dessem Arbeitsplatz gegeben werden.

Bei der Wahl des Gesprächsortes ist auch auf die Beleuchtung, Belüftung und Zimmertemperatur zu achten, da dies ebenfalls Auswirkungen auf Gesprächsverlauf und -ergebnis hat. Des weiteren ist die Sitzordnung von Bedeutung. Bei einem „Vier-Augen-Gespräch" hat sich die „Übereck-Sitzordnung" (Vorgesetzter und Mitarbeiter sitzen sich seitlich einander zugeordnet) bewährt. Psychologisch betrachtet soll die gegenübersitzende Ordnung leichter zu einer Konfrontation führen. Die räumliche Distanz zwischen den Gesprächspartnern sollte bei persönlichen Angelegenheiten 1,8 m, bei eher sachlichen Inhalten 3 m nicht übersteigen.

Wann wird das Gespräch durchgeführt?

Auch der Gesprächszeitpunkt ist für den Verlauf und das Ergebnis des Gespräches von Bedeutung. So sollte der Vorgesetzte sowohl den *biologischen* als auch den *psychologischen* Aspekt des Gesprächszeitpunktes berücksichtigen. Der biologische Aspekt besagt, daß die Gesprächsteilnehmer in ihrer Leistungsfähigkeit bestimmten Tagesschwankungen unterworfen sind. Die Leistungsfähigkeit ist vormittags am höchsten und deshalb für Gespräche und Besprechungen besonders gut geeignet. Die psychische Verfassung der Gesprächsteilnehmer berücksichtigt hingegen private und dienstliche Probleme, da diese den Gesprächsverlauf beeinflussen und vom Thema ablenken können. Des weiteren sollte der Vorgesetzte den Gesprächstermin (je nach Gesprächsanlaß und -inhalt) rechtzeitig mit dem Mitarbeiter absprechen bzw. ihm den Termin rechtzeitig mitteilen. Sollte eine rechtzeitige Ankündigung nicht erfolgen, so wird sich der Mitarbeiter „überfahren" und benachteiligt fühlen. Auch die Gesprächsdauer sollte mitgeteilt und berücksichtigt werden. Bei längeren Gesprächen ist es ungünstig, sie kurz vor der Mittagspause oder kurz vor dem Feierabend zu legen. Die Gesprächsteilnehmer würden in diesem Fall eher unruhig und Gesprächsverlauf und -ergebnis für beide Seiten unbefriedigend sein.

Welche Hilfsmittel werden benötigt?

Die Beantwortung dieser Frage wird sich individuell, je nach Gesprächsanlaß, beantworten lassen. Hierbei kann es sich beispielsweise um Akten, Notizen, Skizzen usw. handeln. Auch die Auswahl der Hilfsmittel ist entscheidend für den Gesprächsverlauf und das -ergebnis und sollte sorgfältig beachtet werden, damit ein Gespräch nicht unnötigerweise wegen fehlender Unterlagen vertagt werden muß. Berücksichtigen sollte der Vorgesetzte hierbei auch, daß er möglichst seine verbalen Aussagen visualisiert. Die Informationen erreichen den Empfänger wesentlichen besser und bleiben dementsprechend auch länger im Gedächtnis. Wenn der Gesprächsanlaß es ermöglicht, sollte der Mitarbeiter sich eigene Notizen oder Skizzen anfertigen, da der Mensch annähernd 90% dessen, was er selbst getan hat, auch behält.

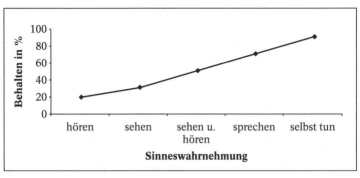

Behaltensquote

1.2.2 Psychologische Vorbereitung

Zur psychologischen Vorbereitung auf das Gespräch empfiehlt es sich, die folgenden Fragen zu beantworten. Die Beantwortung der Fragen soll den Vorgesetzten auf den Mitarbeiter „einstimmen". Um der Beziehungsebene im Personalgespräch ausreichend Beachtung zu schenken, sollte die psychologische Gesprächsvorbereitung vom Vorgesetzten nicht unterschätzt werden.

- Welches Gesprächsziel habe ich?
- Ist das Ziel operational und für den Mitarbeiter verständlich formuliert?
- Wie will ich das Gesprächsziel erreichen?
  (z. B. Eingehen auf den Gesprächspartner)
- Welche Sachinformationen benötige ich?
- Sind meine Informationen und Unterlagen empfängerorientiert?
- Welches Ergebnis kann ich erwarten?
- Wie verliefen frühere Gespräche mit diesem Gesprächspartner?
- Welche Einstellung habe ich zum Gesprächspartner?
  (siehe auch Urteilstendenzen)
- Was ist hinsichtlich der Person des Partners zu beachten?
  (z. B. Bedürfnisse, Ängste, Hoffnungen)
- In welcher mentalen Verfassung befinde ich mich?
- Wie wird sich der Gesprächspartner verhalten?
- Wie erreiche ich eine positive Gesprächsatmosphäre?
- Was muß ich machen, damit das Gespräch erfolgreich verläuft?

1.3 Gesprächsdurchführung

Bei der Gesprächsdurchführung sind im wesentlichen die folgenden vier Gesprächsabschnitte zu beachten:

1.3.1 Eröffnung des Gespräches

In diesem Abschnitt des Gespräches ist es von Bedeutung, daß sich die Gesprächspartner (insbesondere der Vorgesetzte) bewußtmachen, daß jedes Gespräch, gleich welchem Inhalt, auf zwei Ebenen stattfindet. Zum einen auf der *Sachebene* (der rationalen bzw. kognitiven Ebene) und zum anderen auf der *Beziehungsebene* (der emotionalen bzw. affektiven Ebene). Die Sachebene enthält Sachinformationen, die weitergegeben werden. Hingegen kennzeichnet die Beziehungsebene das zwischenmenschliche Verhältnis der Gesprächspartner. Stimmen die Gesprächspartner auf der emotionalen Ebene nicht überein oder stehen sie sich zumindest neutral gegenüber, so ist nicht zu erwarten, daß eine Einigung im kognitiven Bereich erfolgt. Aus diesem Grund sollte der Vorgesetzte zunächst versuchen, den Mitarbeiter persönlich anzusprechen, d. h. einen persönlichen Gesprächskontakt herstellen, bevor er zum sachlichen Gespräch übergeht. Mit anderen Worten: zunächst ist der Kontakt zwischen Vorgesetztem und Mitarbeiter herzustellen. Erst wenn dieser Kontakt hergestellt ist, sollte der Kontakt zwischen dem Mitarbeiter und dem Gesprächsinhalt hergestellt werden. Diese Kontaktphase ist unabhängig vom Gesprächsinhalt und somit auch bei Gesprächen mit negativem Inhalt für den Mitarbeiter vorzunehmen.

Der Kontakt auf der Beziehungsebene kann verbal oder auch nonverbal vorgenommen werden. Da es unzählige Möglichkeiten gibt, den persönlichen Kontakt herzustellen, seien hier nur einige beispielhaft genannt:
- Bieten Sie dem Mitarbeiter eine Tasse Kaffee an
- Halten Sie Blickkontakt zum Mitarbeiter
- Bieten Sie ihm einen Sitzplatz an
- Sprechen Sie den Mitarbeiter mit Namen an
- Zeigen Sie deutliches Interesse an der Person des Mitarbeiters
- Schütteln Sie zur Begrüßung die Hand des Mitarbeiters
- Lächeln Sie den Mitarbeiter an

1.3 Gesprächsdurchführung

- Geben Sie Ihrer Sekretärin Bescheid, daß Sie nicht gestört werden möchten

Berücksichtigen sollte der Vorgesetzte hierbei auch die Rahmenbedingungen, die das Gespräch prägen und beeinflussen. Die Eröffnung sollte nicht aufgesetzt oder gekünstelt wirken, sondern situationsgerecht vorgenommen werden. Hierbei ist die Person des Mitarbeiters, die eigene Befindlichkeit und die des Mitarbeiters, aber auch der Ort des Gespräches und der Gesprächsanlaß zu berücksichtigen.

Grundsätzlich ist eine kurze Gesprächseröffnung günstiger als eine zu lange. Besonders wenn es um Gesprächsinhalte mit eher negativem Inhalt für den Mitarbeiter geht. Eine längere Einleitung wird vom Mitarbeiter als „Auf-die-Folter-Spannen" oder als „Um den heißen Brei reden" empfunden.

Unter allen Umständen sollten in dieser Gesprächsphase die Techniken der Gesprächsführung Berücksichtigung finden. Denn wie *Goethe* bereits sagte: „Wenn man das erste Knopfloch verfehlt, dann bekommt man die Weste nicht mehr zu."

1.3.2 Darstellung des Gesprächsanlasses

In diesem Abschnitt findet der Übergang zum eigentlichen Gesprächsthema statt. Auch wenn hierbei der rationale Bereich im Vordergrund steht, so darf der persönliche Kontakt im emotionalen Bereich nicht abreißen. Der Vorgesetzte erklärt den zentralen Punkt und das Ziel des Gespräches. Es ist sicherzustellen, daß der Mitarbeiter voll und ganz bei der Sache ist. Nötigenfalls ist der Kern des Gespräches mit einem Aufmerksamkeitswecker einzuleiten. An dieser Stelle sei nochmals darauf hingewiesen, daß es ein Gebot der Fairneß ist, den Mitarbeiter vor dem eigentlichen Gespräch den Anlaß mitzuteilen, um ihm die Möglichkeit zu geben, sich adäquat vorzubereiten.

1.3.3 Kerngespräch

Hier findet das eigentliche Gespräch zwischen Vorgesetztem und Mitarbeiter statt. Der Inhalt ist jeweils abhängig vom Gesprächsanlaß. Dem Mitarbeiter werden auch die in der Gesprächsvorbereitung erarbeiteten Informationen gegeben.

1.3.4 Gesprächsabschluß

Auch der Gesprächsabschluß sollte (ähnlich der Eröffnung) in einer angenehmen und positiven Atmosphäre erfolgen. Zum einen, weil das was am Ende eines Gespräches gesagt wird besonders lange haften bleibt. Zum anderen, weil das Gesprächsende des einen Gespräches oftmals Ausgangspunkt für weitere Gespräche darstellt. Aus diesem Grund sollte Unangenehmes nicht erst am Schluß eines Gespräches behandelt werden, da sich der Vorgesetzte einen positiven Gesprächsabschluß verbaut. Das Gesprächsende könnte z. B. aus einer Zusammenfassung, einem Hinweis auf das positive Ergebnis oder einer konkret formulierten Danksagung bestehen.

1.4 Gesprächsauswertung

Das Personalgespräch wird in den meisten Fällen nicht mit der Gesprächsdurchführung beendet sein. Der Vorgesetzte wird nach der Durchführung bemüht sein, das Gespräch auszuwerten bzw. zu analysieren. Unterschieden werden soll die *persönliche* und die *sachliche* Analyse.

Persönliche Analyse

Die persönliche Analyse des Vorgesetzten hat die Verhaltensweisen der Gesprächsteilnehmer zum Gegenstand. Diese Analyse sollte vom Vorgesetzten nicht unterschätzt werden, da sie wichtige Informationen für weitere Gespräche liefert. Fehlverhalten kann zukünftig korrigiert bzw. vermieden werden. Zur besseren Auswertung sollten auch hier wieder die folgenden Fragen beantwortet werden:
- Habe ich das Gesprächsziel erreicht?
- Wie habe ich mich im Gespräch verhalten?
- Was habe ich falsch gemacht?
  (z. B. Partner nicht ausreden lassen)
- Wie war das Gesprächsklima?
- Welchen Beitrag habe ich geleistet?
- Welches Bild hat der Gesprächspartner von mir?
- Welchen Eindruck habe ich vom Gesprächspartner?

1.4 Gesprächsauswertung

- Was muß ich bei weiteren Gesprächen mit diesem Partner beachten?
- War der Gesprächszeitpunkt günstig?
- Waren die überreichten Informationen und Unterlagen ausreichend vorbereitet?

Sachliche Analyse

Die sachliche Analyse richtet sich auf die organisatorischen Maßnahmen, die der Vorgesetzte nach dem Gespräch ergreifen muß. Diese werden individuell, je nach Gesprächsanlaß und -inhalt verschieden sein. Denkbar sind z. B. anschließende Telefonate, die Anfertigung von Gesprächsnotizen, die Weitergabe von Unterlagen und Kontrolle des Mitarbeiters. Sollten einem Gespräch nicht die im Gespräch vereinbarten Maßnahmen vom Vorgesetzten veranlaßt werden, so ist davon auszugehen, daß sich der Mitarbeiter beim folgenden Personalgespräch sehr gut überlegen wird, wie er sich seinem Vorgesetzten gegenüber verhält. Dies ist besonders dann zu befürchten, wenn es sich um persönliche Angelegenheiten des Mitarbeiters handelt. Ein Prozeß der Offenheit wird nur erreicht, wenn sich beide Gesprächspartner an Vereinbarungen halten.

Darüber hinaus erscheint es ratsam, den Mitarbeiter über organisatorische Maßnahmen zu informieren bzw. auf dem laufenden zu halten und gegebenenfalls neue Gesprächstermine zu vereinbaren.

2. Einige nicht so ernst gemeinte Ratschläge

- Führen Sie Gespräche immer erst, wenn es sich gar nicht mehr vermeiden läßt.
- Fahren Sie während des Gespräches ruhig gelegentlich aus der Haut. Der Mitarbeiter wird schon wissen warum.
- Werden Sie gegenüber Ihrem Mitarbeiter persönlich.
- Verwenden Sie häufig negative Schlagworte.
- Halten Sie langatmige Monologe und lassen Ihren Mitarbeiter kaum zu Wort kommen.
- Zweifeln Sie Aussagen Ihres Mitarbeiters grundsätzlich an.
- Werden Sie ungeduldig, wenn Ihr Mitarbeiter zu lange redet.
- Drohen Sie Ihrem Mitarbeiter.
- Beginnen Sie Gespräche grundsätzlich mit der Nennung der Konsequenzen für den Mitarbeiter.
- Nutzen Sie das Hilfsmittel Ironie.
- Wärmen Sie alte Verfehlungen immer wieder auf.
- Kritisieren Sie Ihrem Mitarbeiter ruhig vor dessen Kollegen.
- Ziehen Sie Gespräche mit negativem Verlauf in die Länge.
- Verwenden Sie so häufig wie möglich Suggestivfragen.
- Setzten Sie sich und Ihren Mitarbeiter im Gespräch unter Zeitdruck.

3. Techniken der Gesprächsführung

3.1 Aktives Zuhören

Bei der Durchführung des Personalgespräches ist es die Aufgabe des Vorgesetzten, den Dialog mit dem Mitarbeiter zu fördern. Dies bedeutet, daß er seinen Redeanteil situationsgerecht dosieren sollte. Gerade während einer Stellungnahme des Mitarbeiters ist es wichtig, daß der Vorgesetzte aktiv zuhört. Das „Aktive Zuhören" ist eine Art Intensivform des Zuhörens. Ziel ist es, dem Gesprächspartner Interesse zu bekunden, ihm die notwendige Aufmerksamkeit zu schenken und ihm somit zu zeigen, daß er als Gesprächspartner ernst genommen wird und man ihn wertschätzt. Häufig wird jedoch in der Praxis darauf verzichtet, da vom Vorgesetzten der hohe Zeitbedarf beklagt wird. Vor Augen sollte man sich jedoch, daß diese Technik auch Vorteile verschafft. Denn oft nehmen Gesprächspartner die Aussage ihres Gegenüber falsch auf. Sei es aus akustischen Gründen oder weil verbale Aussagen schlichtweg falsch interpretiert werden. Vorgesetzte, die auf die Technik des Aktiven Zuhörens an dieser Stelle verzichten, laufen Gefahr, daß das Gespräch in ungewollten Bahnen verläuft. Das Gesprächsergebnis wird dann nicht den gewünschten Erfolg bringen. Zum anderen zwingt sich der Vorgesetzte bei der Berücksichtigung des Aktiven Zuhörens, seinen Redeanteil gering zu halten. Dies ist erforderlich, wenn es sich um Gespräche handelt, in denen es um persönliche Angelegenheiten des Mitarbeiters geht. Die mitarbeiterorientierte Gesprächsführung und die damit einhergehenden Erwartungen des Mitarbeiters müssen für eine erfolgreiche Gesprächsführung Berücksichtigung finden. Die Technik des Aktiven Zuhörens hilft dem Vorgesetzten, sich besser in die Situation des Mitarbeiters hineinzuversetzen und somit dessen Ängste, Hoffnungen und Erwartungen zu berücksichtigen. Der Vorgesetzte sollte Sprechpausen ertragen können und den Mitarbeiter zum Weiterreden animieren. Dies hilft dem Mitarbeiter sich weiter zu öffnen.

Das Aktive Zuhören umfaßt folgende Inhalte:

3. Techniken der Gesprächsführung

Paraphrasieren

Es handelt sich hierbei um die Wiederholung der *sachlichen* Aussage des Gesprächspartners mit eigenen Worten. Mit dieser Gesprächstechnik wird dem Gesprächspartner gezeigt, daß man ihn verstanden hat. Es ist eine einfache Form des Feedbacks und stellt sicher, daß die Aussage auch im Sinne des Sprechers vollständig erfaßt wurde.

Verbalisieren

Hierbei geht es um die Wiederholung der *emotionalen* Aussage des Gesprächspartners mit eigenen Worten (*„Sie sind jetzt wohl sehr enttäuscht?"*). Diese Technik zeigt dem Gesprächspartner, daß man sich für seine Gefühle interessiert. Zu berücksichtigen ist hierbei, daß es den meisten Menschen schwerfällt, sich über eigene Gefühle zu äußern. Durch das Verbalisieren der Aussage des Gesprächspartners, gibt man ihm die Gelegenheit, weiter über eigene Probleme nachzudenken. Auf gar keinen Fall darf jedoch der Eindruck entstehen, daß der Vorgesetzte den Mitarbeiter seelisch „auseinandernehmen" will. Wenn bemerkt wird, daß der Mitarbeiter über bestimmte Themen nicht sprechen möchte, ist an dieser Stelle nicht nachzubohren.

Aufmerksamkeitsreaktion

Geben Sie Ihrem Gesprächspartner Feedback. Dies kann verbal (*„aha"*, *„wirklich"*, *„interessant"* etc.) oder nonverbal (in Form eines Augenzwinkerns, Kopfnickens, Blickkontaktes etc.) erfolgen.

Nachfragen

Dies signalisiert dem Gesprächspartner, daß man zugehört hat und mehr erfahren möchte (*„Wie meinen Sie das?"*).

Zusammenfassen

Diese Technik trägt zur Verdeutlichung der Kernaussage eines Gespräches bei und verhindert ein Abweichen vom Gesprächsthema.

Klären

Durch Rückmeldungen im Gespräch wird verhindert, daß die Gesprächspartner aneinander vorbei reden *(„Habe ich Sie richtig verstanden, daß…?"*).

Weiterführen
Hierbei wird der Gesprächspartner durch Rückmeldungen veranlaßt, über einen Sachverhalt nachzudenken (*„Haben Sie sich einmal überlegt, daß...?"*). Sie sollen zur Entscheidungsfindung beitragen.

Abwägen
Diese Technik faßt Kernaussagen des Gesprächspartners zusammen und wägt einzelne Alternativen ab.

3.2 Fragetechnik

Eine der wichtigsten Gesprächstechniken ist die Fragetechnik. Deshalb findet sie auch im Sachgespräch Anwendung. Der Zweck besteht in erster Linie darin, Informationen einzuholen und Eindrücke, Kenntnisse, Meinungen und Standpunkte des Gesprächsteilnehmers zu erfragen. Sie dient darüber hinaus dazu, den Gesprächsteilnehmer aktiv am Gespräch zu beteiligen und den eigenen Anteil am Gespräch situationsgerecht gering zu halten. In Anlehnung an den Volksmund kann gesagt werden: „Wer *richtig* fragt, der führt." Fragen sind unerläßlich, um dem Gespräch neue Impulse zu geben, um auf das Gesprächsziel hinzuarbeiten, aber auch um beim Gesprächsthema zu bleiben und nicht abzuschweifen. Die Fragetechnik ist jedoch nicht als isolierte Technik zu betrachten. Sie ist vielmehr mit anderen Kommunikationstechniken in Verbindung zu bringen, so zum Beispiel mit der Technik des Aktiven Zuhörens. Ebenso sind Fragen reversibel zu formulieren. Der Vorgesetzte sollte dem Befragten ausreichend Zeit zur Beantwortung der Frage lassen. Es darf auch nicht der Eindruck eines Verhöres aufkommen. Stellen Sie deshalb immer nur eine (nach Möglichkeit offene) Frage. Der Vorgesetzte ist gut beraten, wenn er bereits vor dem eigentlichen Gespräch ermittelt, was er fragen möchte und mit welchen Fragen er selbst zu rechnen hat.

Es kommt primär nicht darauf an, *Was* Sie fragen, sondern *Wie* Sie fragen.

Im nachfolgenden werden einige der wesentlichen Fragetechniken erörtert.

Offene Fragen

Diese Fragen werden als offene Fragen bezeichnet, da sie dem Antwortenden die Möglichkeit geben, sich offen, frei und ausführlich zu äußern. Sie beginnen mit einem Fragewort (Welche; Wie; Was usw.). Diese Fragen verhindern gleichzeitig, daß der Redeanteil des Fragestellers überhand nimmt. Sie tragen darüber hinaus zu einem positiven Gesprächsklima bei, da das Geltungsbedürfnis des Gesprächspartners berücksichtigt wird. Sie signalisieren Interesse.

Geschlossene Fragen

Sie werden als geschlossen bezeichnet, da sie dem Antwortenden nur die Wahl zwischen der Antwort „Ja" und „Nein" lassen *(„Können Sie das bestätigen?")*. Diese Frageform sollte nur in Ausnahmefällen angewendet werden, da sie dem Antwortenden nicht die Möglichkeit gibt, sich frei und ausführlich zu äußern. Die Frageform kann sich nachteilig auf die Beziehungsebene auswirken, da sich der Befragte bevormundet und benachteiligt fühlt. Um Informationen zu erhalten ist diese Fragetechnik ungeeignet.

Suggestiv-Fragen

Diese Fragen legen dem Bewerber die erwartete Antwort förmlich in den Mund *(„Sie sind doch auch der Meinung, daß...")*. Zur Wahrheitsfindung tragen diese Fragen nicht bei, da der Mitarbeiter in seiner besonderen Situation die von ihm erwarteten Antworten in den meisten Fällen geben wird. Diese Form der Fragestellung ist zu vermeiden. Sie lösen beim Gesprächspartner Trotz- und Abwehrreaktionen aus und wirken sich somit negativ auf die Beziehungsebene aus.

Projektiv-Fragen

Hierbei wird der Mitarbeiter veranlaßt, seine Perspektive zu wechseln und Einstellungen und Meinungen anderer Personen wiederzugeben *(„Was meinen Sie, hat sich ihr Vorgesetzter dabei gedacht?")*. Indem er aber die Perspektive wechselt, spiegelt er seine eigenen Erwartungen an den Vorgesetzten in der konkreten Situation wider und läßt essentielle Grundhaltungen erkennen. Diese Form der Fragestellung ist günstig, da es den meisten leichter fällt über andere, als über sich selbst zu sprechen.

Kettenfragen

Sie sind dadurch gekennzeichnet, daß der Fragesteller in einem Atemzug mehrere Fragen stellt, ohne daß zwischen den Fragen eine Antwort erfolgt. Sie sind auf jeden Fall zu vermeiden, da sich der Mitarbeiter nicht alle Fragen merken kann und somit ständig Rückfragen nötig sind. Außerdem nimmt das Gespräch den Charakter eines Verhörs an. Der Informationsgehalt der Antworten ist zumeist gleich null. Vielmehr werden beim Gesprächspartner Abwehrreaktionen ausgelöst und es kommt zu deutlichen Störungen auf der Beziehungsebene.

Zusammenfassende Fragen

Diese Fragen geben dem Gesprächspartner die Möglichkeit zur Korrektur oder zur Bestätigung und sind zum Teil sehr hilfreich (*„Können wir davon ausgehen, daß…?"*). Diese Fragen tragen im allgemeinen zur positiven Gesprächsatmosphäre bei.

3.3 Reversibilität der Gesprächsführung

Bei einem Personalgespräch, bei dem zwischen den Gesprächspartnern ein sozialer Unterschied besteht, sollte der Vorgesetzte darauf achten, daß er umkehrbar (reversibel) spricht.

Dies trägt dazu bei, dem Mitarbeiter das Gefühl der Partnerschaft und Gleichberechtigung zu vermitteln.

Der Volksmund sagt: *„Wie man in den Wald hineinruft, so schallt es heraus."*

Dies trifft für Personalgespräche in dieser Form nicht zu, da dem Mitarbeiter die Möglichkeit fehlt, in gleicher Art und Weise zu agieren. Der Vorgesetzte löst mit einer nicht umkehrbaren Gesprächsführung beim Mitarbeiter Abwehrmechanismen aus. Das Gespräch verläuft somit in Bahnen, die ein positives Gesprächsergebnis nicht mehr zulassen.

Nicht umkehrbare Botschaften können nicht nur verbal (*„Na, Müller, was haben Sie denn heute wieder für ein Problem?"*), sondern auch nonverbal gegeben werden (Augen verdrehen, Stirn runzeln, Mundwinkel verziehen etc.).

Grundsätzlich ist auf alle nicht umkehrbaren Botschaften zu ver-

3.4 „Ich-Botschaften"

Wie bereits eingangs erwähnt, hat das Personalgespräch unter anderem zum Ziel, Informationen auszutauschen. Grundsätzlich gibt es zwei Möglichkeiten, einem Gesprächspartner eine Information, also eine Botschaft zu übermitteln. Eine der Möglichkeiten ist die sogenannte „Sie-Botschaft". Ein Beispiel für die Sie-Botschaft lautet: *„Ständig unterbrechen Sie mich. Mit Ihnen diskutiere ich nicht mehr."*

Die Folge einer solchen Aussage wird sein, daß sich der Gesprächspartner angegriffen fühlt und gereizt antwortet. Die Folge ist eine Auseinandersetzung und kein Gespräch. Es ist evident, daß dies nicht das Ziel eines Personalgespräches sein kann. Denn dem Vorgesetzten sollte hoffentlich daran gelegen sein, die Beziehung zu seinem Mitarbeiter zu verbessern und die Kommunikation spannungsfrei zu gestalten. Um diese Kommunikationsstörungen zu vermeiden, sollte er besser sogenannte „Ich-Botschaften" senden. In dem o. g. Fall könnte eine Ich-Botschaft lauten: *„Es behindert mich, wenn ich nicht ausreden darf. Ich befürchte, daß dadurch wichtige Informationen nicht ausgesprochen werden."*

Ich-Botschaften tragen dazu bei, daß dem Gesprächspartner die Möglichkeit gegeben wird, sein Kommunikationsverhalten zu korrigieren. Ihm wird durch das Feedback ein Spiegel vorgehalten, der ihm ermöglichen soll, sein Verhalten aus freien Stücken zu ändern. Diese behutsame Form des Feedbacks wird in der Regel keine Aggressionen und Blockaden beim Gesprächspartner auslösen, da eine Bevormundung vermieden wird. Ich-Botschaften sind im übrigen stets reversibel. Das bedeutet, daß sie auch der Mitarbeiter gegenüber seinem Vorgesetzten aussprechen kann. Das Gebot der Gesprächsfairneß ist somit gewahrt.

Zu berücksichtigen ist die Sendung von Ich-Botschaften insbesondere bei der Durchführung von Kritikgesprächen. Denn Ziel des Kritikgespräches ist es, eine Verhaltensänderung beim Mitarbeiter anzustreben. Mir Vorwürfen wird dies jedoch kaum erreicht. An dieser Stelle sollte dem Mitarbeiter die Verantwortung überlassen werden, sein Verhalten zu ändern. Es ist davon auszugehen, daß mit dieser Methode schneller und effektiver zum Ziel gekommen wird.

Darüber hinaus hat nicht nur der Mitarbeiter Gefühle, Wünsche und Empfindungen, die Berücksichtigung finden wollen, sondern auch der Vorgesetzte. Und diese kann und sollte er auch in einem Gespräch frei äußern. Dem Mitarbeiter wird damit die Chance gegeben, seinen Vorgesetzten als Menschen besser kennenzulernen (siehe auch Kapitel 5 „Bedeutung des Johari-Fensters").

3.5 Vier Seiten einer Nachricht

Sicherlich wissen wir alle aus eigenen Erfahrung, daß es in der Praxis gelegentlich vorkommt, daß man selbst bzw. sein Gesprächspartner eine Aussage – im übertragenen Sinne – in den falschen Hals bekommt. Oder besser gesagt in das falsche Ohr. Woran liegt es jedoch, daß eine sachlich formulierte Aussage anders aufgenommen wurde, als man es tatsächlich gemeint hat? Offensichtlich kam es zu einer Störung zwischen dem Sender einer Nachricht und dem Empfänger. Der Hamburger Psychologe *Friedemann Schulz von Thun* hat sich mit diesem Phänomen auseinandergesetzt und herausgefunden, daß jeder Mensch „vier Münder" zum Sprechen bzw. „vier Ohren" zum Hören hat.

Mit jeder Nachricht die ein Sender verschickt, vermittelt er nicht nur eine Sachinformation, sondern teilt auch etwas über sich selbst mit, beeinflußt den Empfänger und teilt auch etwas über seine Beziehung zum Gesprächspartner mit. Dies klingt zunächst sehr theoretisch. Deshalb sei die „Vier-Ohren-Theorie" an einem praktischen Beispiel dargestellt. Stellen Sie sich vor, Sie sitzen Sonntagmorgen am Frühstückstisch und Ihr Partner sagt: *„Ach, es ist ja kein Kaffee mehr in der Kanne."*

Wie würden Sie persönlich diese Aussage aufnehmen und vor allem, wie würden Sie darauf reagieren? Wenn Sie nur den sachlichen Aspekt dieser Aussage heraushören, dann könnte Ihre Antwort lauten: *„Ja, das ist richtig. Wir haben unseren letzten Kaffeevorrat aufgebraucht."* Oder würden Sie vielleicht so reagieren: *„Wenn Du noch mehr Kaffee trinken willst, dann mußt Du Dich schon selbst* *in die Küche bemühen und welchen brühen."* In diesem Fall war es Ihr sogenanntes Appellohr, daß die Nachricht aufgenommen hat. Sie fühlten sich offenbar aufgefordert frischen Kaffee aus der Küche zu holen. Eine weitere Reaktion kann aber auch sein: *„Können wir einmal in Ruhe frühstücken, ohne daß Du etwas zu meckern hast?"* In diesem Fall hören Sie eher Kritik heraus. Sie haben die Aussage des Senders in das Beziehungsohr bekommen. Das vierte Ohr ist das sogenannte Selbstoffenbarungsohr. Sollten Sie die Aussage Ihres Partners hiermit aufnehmen, so kann Ihre Reaktion folgendermaßen sein: *„Du, mir geht es genauso. Wir haben zwar keinen Kaffee mehr, aber was hältst Du davon, wenn ich uns noch einen Tee brühe?"* In diesem Fall haben Sie die Offenbarung des Senders herausgehört. Er hat Ihnen etwas über sich selbst mitgeteilt, nämlich, daß er noch Durst hat. Grundsätzlich kann die Selbstoffenbarung des Gesprächspartners bewußt oder unbewußt erfolgen.

An dieser Stelle kann zusammenfaßt werden, daß es die folgenden vier Aspekte einer Nachricht gibt:

Sachaspekt

Ist zumeist der Anlaß des Gespräches. Bei Ihrem Feedback werden Sie sich die Frage stellen, wie das, was der Sender Ihnen mitteilt, zu verstehen ist.

Beziehungsaspekt

Kennzeichnet das Verhältnis zwischen Sender und Empfänger. Im Personalgespräch kann sich Ihr Mitarbeiter zum Beispiel die Frage stellen: *„Wie redet der eigentlich mit mir?"* oder *„Was glaubt er eigentlich, wen er vor sich hat?"*

Selbstoffenbarungsaspekt

Hier liefert der Sender Informationen über sich selbst. Dies kann bewußt, aber auch unbewußt geschehen. Der Empfänger wird sich die Frage stellen: *„Was ist mit meinem Gesprächspartner los?"* oder *„Weshalb verhält sich mein Gesprächspartner so?"*

Appellaspekt

Hierbei versucht der Sender den Empfänger hinsichtlich seiner Handlungen oder Denkweisen zu beeinflussen. Der Empfänger wird sich mit der Frage: „*Was erwartet der Sender von mir?*" auseinandersetzen.

Als Gesprächspartner ist es ratsam, herauszufinden, welches Ohr bei einem selbst besonders stark entwickelt ist. In der Regel filtern wir Aussagen und hören einen der genannten Aspekte stärker heraus als andere. Um jedoch störungsfrei zu kommunizieren, sollte versucht werden, die vier Ohren gleichmäßig zu entwickeln. Sollten die vier Ohren der Gesprächspartner unterschiedlich entwickelt sein, so kann es passieren, daß man ständig aneinander vorbeiredet, ohne daß der Grund dafür herausgefunden wird.

In der führenden Gesprächsrolle sollte der Vorgesetzte sich folgendes vor Augen führen:

„Nicht was gesagt ist, ist wahr, sondern, was ankommt, ist wahr. Die Botschaft entsteht beim Empfänger."
(Nach Friedemann Schulz von Thun)

3.6 Allgemeine Grundsätze der Verständlichkeit

Im nachfolgenden sollen einige Grundsätze, die das Personalgespräch beeinflussen, erörtert werden. Diese Grundsätze richten sich an den Gesprächsteilnehmer der Arbeitgeberseite, da er, wie bereits erwähnt, den Gesprächsverlauf und das Gesprächsergebnis entscheidend prägt und bestimmt. Des weiteren ist häufig zu beklagen, daß der Redeanteil des Vorgesetzten im Personalgespräch überproportional hoch ist. An ihm ist es auch, seine Informationen an den Mitarbeiter verständlich und empfängerorientiert zu formulieren. *Friedmann Schulz von Thun* hat sich in seinem Buch „Miteinander reden – Störungen und Klärungen" mit diesem Thema auseinandergesetzt. Schwerpunktartig werden einige „Verständlichmacher" angeführt:

Einfachheit
Vorgesetzte tun sich häufig schwer damit, bestimmte Sachverhalte verständlich und für den Mitarbeiter begreifbar darzustellen. Verschachtelte, langatmige Sätze und die Verwendung von Fremdwörtern verstärken das Problem. Die Empfehlung lautet daher:
- Kurze Sätze bilden

- Bekannte Wörter verwenden
- Fremdwörter erklären

Gliederung/Ordnung

Die vor der eigentlichen Gesprächsführung gesetzten Ziele helfen, das Gespräch anhand eines „Roten Fadens" zu führen. Dieser rote Faden muß auch für den Mitarbeiter erkennbar sein. Dies wird erreicht, indem Informationen an den Mitarbeiter logisch aufeinander aufbauend gegeben werden. Die Gedankengänge des Vorgesetzten müssen klar zu erkennen sein und keine Zweifel aufkommen lassen. Unkoordiniertes und assoziatives Reden schafft Verwirrung.

Kürze/Prägnanz

Um Mißverständnisse die aufgrund weitschweifiger Formulierungen auftreten können zu vermeiden, ist es ratsam, kurze und prägnante Sätze zu bilden. Umständliche Formulierungen und wiederholte Informationen, sogenannte Redundanzen, sollten vermieden werden. Besser ist es, sich auf das Wesentliche zu konzentrieren.

Stimulanz/Anregung

Langweiliges und langatmiges Sprechen führt zum gedanklichen Abschalten des Gesprächspartners. Um den Gesprächspartner jedoch „bei der Stange zu halten", ist es empfehlenswert anschaulich zu Sprechen. Dies kann erreicht werden durch:
- Plastische Ausdrücke
- Konkrete Praxisbeispiele
- Visuelle Hilfsmittel
- Einbeziehen des Mitarbeiters etc.

4. Urteilstendenzen

Im Rahmen der psychologischen Gesprächsvorbereitung sollte sich der Vorgesetzte vor jedem Gespräch, aber insbesondere vor dem Beurteilungsgespräch, mögliche Wahrnehmungsschwächen (in Form von Urteilstendenzen) bewußtmachen. Es kann ihm helfen, Fehler vor der Gesprächsdurchführung zu erkennen und gibt ihm Gelegenheit sein Urteil zu korrigieren. Möglich sind dabei unter anderem folgende Urteilstendenzen:

Halo-Effekt

Hierbei wird das Urteil einzelner Eigenschaften oder Merkmale von anderen Kriterien überstrahlt. Das Wort Halo stammt von dem englischen Wort *halo* = Hof. So wie der Mond einen Hof hat, so überstrahlt auch die Sympathie und die Antipathie bestimmte Eigenschaften des Mitarbeiters. In diesem Zusammenhang spricht man auch häufig vom Sympathiefehler. Derjenige, der seinen Gesprächspartner als sympathisch empfindet, ordnet ihm auch positive Eigenschaften zu. Dementsprechend ordnet man demjenigen, den man als unsympathisch empfindet, eher negative Eigenschaften zu. Im Klartext beutet dies, das ein Vorgesetzter einen sympathischen Mitarbeiter eher nachsagt, daß dieser zum Glück kein Pedant ist, dem unsympathischen Mitarbeiter jedoch nachsagt, daß er keine Ordnung halten kann. Das Ergebnis kann somit für dem Mitarbeiter positiv, aber auch negativ sein.

Tendenz zum Durchschnitt

Der Vorgesetzte vermeidet besonders gute und besonders schlechte Urteile. Er verhindert somit Konfliktsituationen mit den zu beurteilenden Mitarbeitern.

Logikfehler

Der Vorgesetzte zieht Rückschlüsse aus beobachtbaren auf nicht beobachtbare Merkmale.

4. Urteilstendenzen

Primacy-Effect

Die Aufnahme von Informationen wird durch den ersten Eindruck gesteuert. Diese Informationen können sowohl über die Augen als über die Ohren aufgenommen werden. Sollten hierbei hervorstechende Merkmale des Gesprächspartners zu erkennen sein (Mimik, Gestik, Gang, Kleidung, Stimme, Sprache, Körperbau etc.), so wird ein Abgleich mit bereits Bekanntem vorgenommen. Subjektiv wird der erste Eindruck als positiv oder negativ erachtet. Auch wenn es im allgemeinen schwerfällt, ein einmal getroffenes Urteil zu revidieren, so sollte der Vorgesetzte hierzu in der Lage sein. Die Folgen wären andernfalls schwerwiegend.

Der letzte Eindruck

Oft bleibt auch der letzte Eindruck besonders haften. Auch dieser kann die Wahrnehmung des Vorgesetzten und das daraus folgende Urteil erheblich verzerren.

Kontrastfehler

Der Vorgesetzte überträgt eigene Maßstäbe auf den Mitarbeiter. Er vergleicht den zu beurteilenden Mitarbeiter mit sich selbst. In der Regel schneiden Mitarbeiter bei diesem Vergleich schlecht ab.

Vorurteile

Der Vorgesetzte ordnet den Mitarbeiter auf der Grundlage einzelner Merkmale, wie Geschlecht, Nationalität oder Haartracht, einer danach gebildeten Kategorie zu, über die er sich ein allgemeines, oft unberechtigt verallgemeinerndes (Vor-) Urteil gebildet hat.

Derartige Vorurteile sind oft gefühlsmäßig gefärbte, stark vereinfachte Ansichten über Sachverhalte oder Personen.

Andorra-Effekt

Im Schauspiel Andorra von *Max Frisch* geht es um einen Jungen, der nach herrschender Meinung ein Judenkind sein soll, in Wirklichkeit aber das uneheliche Kind eines Lehrers ist. Die Einwohner von Andorra erwarten von einem Juden ein ganz bestimmtes Verhalten: Geiz, Feigheit, Faulheit. Diese Erwartungen setzen sie in diesen Jungen, der sich anfangs dagegen wehrt, dann jedoch resigniert und die Erwartungen seiner Umwelt erfüllt. Er wird geizig, faul und feige.

4. Urteilstendenzen

Damit sehen sich die Einwohner bestätigt. Dieser Effekt wurde nach dem Schauspiel benannt und bestätigt: Man wird, wie man vom Partner gesehen wird. Hierzu ist anzumerken, daß zumeist der sozial höher Gestellte das Verhalten des sozial niedriger Gestellten beeinflußt. Der Andorra-Effekt kann aber in positiver Richtung genutzt werden. Wenn der Vorgesetzte seinem Mitarbeiter viel zutraut, dann wird dieser in der Regel auch den Erwartungen entsprechen. Teilweise wird hier auch vom Pygmalion-Effekt gesprochen. Dies bedeutet, daß der Vorgesetzte seinen Mitarbeiter so behandelt, wie er sein könnte und nicht, wie er ist.

5. Bedeutung des Johari-Fensters

Die Amerikaner *Joseph Luft* und *Harry Ingham* erforschten den Zusammenhang zwischen persönlichem Verhalten und der Informationsvermittlung. Sie stellten die Veränderungen von Selbst- und Fremdwahrnehmung im Verlaufe eines Gespräches mit dem Johari-Fenster dar. Zu Beginn des Gespräches wird sich dieses Fenster folgendermaßen darstellen:

		mir bekannt	unbekannt
anderen	bekannt	A öffentl. Person	C blinder Fleck
	unbekannt	B Privatperson	D Unbekanntes

Johari-Fenster zu Beginn des Gespräches

Die Bedeutung der Quadranten:
Jeder Quadrant stellt einen Informationsraum dar. Sie haben eine besondere Bedeutung für die Beziehung der Gesprächspartner.

A: Informationen sind sowohl mir als auch den anderen bekannt. Dieses Feld kann nach C und B hin vergrößert werden. Nach C hin kann es vergrößert werden, wenn die anderen bereit sind mir Informationen zu geben.

C: Dieser blinde Fleck kann eingeengt werden, wenn die anderen mir Informationen geben. Auf das Verhalten bezogen sind mir eigene Gewohnheiten nicht bewußt (z. B. autoritärer Führungsstil, Wahrnehmungsfehler usw.).

B: Informationen bzw. Verhaltensweisen sind mir selbst bekannt und anderen unbekannt. Durch eigene Informationsweitergabe kann dieser Quadrant verkleinert werden.

5. Bedeutung des Johari-Fensters

D: Diese Informationen bzw. Verhaltensweisen sind weder mir noch den anderen bekannt und im Bereich der Tiefenpsychologie angesiedelt.

Das Bestreben eines Gespräches sollte es sein, den Quadranten A zu vergrößern – und zwar in Richtung der Quadranten B und C.
Der Quadrant D kann im Gespräch willentlich weder vergrößert noch verkleinert werden und behält aufgrund seiner Besonderheit seine Größe bei. Der Informationsquadrant A kann nur durch den „Prozeß der Offenheit" vergrößert werden. Das bedeutet, daß sich die Gesprächspartner offen und vertrauenerweckend verhalten müssen. Aber auch das Bestreben, sich aktiv um Informationen zu bemühen sollte bei den Partnern vorhanden sein. Dieses Bestreben kann in einem Feedback-Prozeß bestehen, wobei sich das Bemühen, Informationen über sich preiszugeben und Feedback zu vermitteln und aufzunehmen, die Waage halten sollte. So erhält keiner der Gesprächspartner das Gefühl, ausgehorcht zu werden und mehr Informationen zu geben als zu bekommen.

Durch diesen Prozeß wird erreicht, daß die „blinden Flecken" aufgehellt werden (der Vorgesetzte wird z. B. über seinen Führungsstil, Wahrnehmungsfehler, Angewohnheiten usw. informiert) und auch ein Stück der Privatperson preisgegeben wird.
Am Ende eines Gespräches, insbesondere des Mitarbeitergespräches, sollte sich das Johari-Fenster wie folgt darstellen:

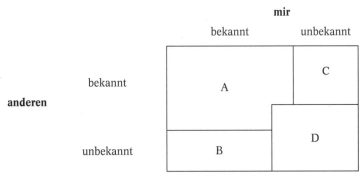

Johari-Fenster am Ende des Gespräches

5. Bedeutung des Johari-Fensters

Da es auch Ziel des Mitarbeitergespräches ist, den Mitarbeiter auf Veränderungen vorzubereiten und zu motivieren, muß auch der Vorgesetzte Informationen weitergeben sowie Feedback vermitteln und empfangen. Deshalb ist es wichtig folgendes zu beachten:

- Akzeptieren Sie das Selbstbild Ihres Mitarbeiters und nehmen Sie es ernst.
- Teilen Sie Ihrem Mitarbeiter mit, wenn Ihre Informationen erschöpft sind.
- Bemühen Sie sich, möglichst störungsfrei Feedback zu geben und zu empfangen (z. B. in bezug auf Wahrnehmungsfehlern).

6. Betriebsklima

Das Betriebsklima spielt bei der Motivation zur Leistung – und daher in einem Personalgespräch – eine gewichtige Rolle. Es stellt im Gesamtkonzept eine tragende Säule dar und entscheidet letztlich, ob der Mitarbeiter, trotz ausreichender Fähigkeiten, Fertigkeiten und Übung, auch willens ist, seine Aufgabe zu erfüllen. Sollte die Leistungsmotivation gestört sein, so kann der Vorgesetzte aufgrund des Weisungsrechtes bestimmte Tätigkeiten anordnen. Die Folge wäre mangelnde Qualität und Quantität des Arbeitsergebnisses. Dieser „Dienst nach Vorschrift" läßt wesentliche Energien des Mitarbeiters verlorengehen. Die Folge ist wiederum, daß sich ein Verlust an Wettbewerbspotential im Unternehmen einschleicht. Die Aufgabe des Vorgesetzten ist es deshalb, Einfluß zu nehmen und ein gutes Betriebsklima zu erhalten bzw. zu schaffen. Ein gutes Betriebsklima bedeutet nicht nur Zufriedenheit und Aufgeschlossenheit, sondern auch ein hohes Maß an Engagement und Leistungsbereitschaft. Die Einflußfaktoren auf das Betriebsklima sind vielfältig. Direkten Einfluß kann der Vorgesetzte z. B. nehmen auf:
- Führungsstil
- Arbeitsbedingungen
- Gruppenzusammensetzung
- Anerkennung und Kritik aussprechen
- Weiterbildung
- Informationsweitergabe
- Arbeitsinhalte

Ein Patentrezept in bezug auf den Führungsstil gibt es nicht. Vielmehr ist auch hier die Individualität des Mitarbeiters zu berücksichtigen. Denn Delegation von Verantwortung und Selbstkontrolle stellt für den einen Mitarbeiter eine Herausforderung dar und führt zu Engagement. Bei dem anderen Mitarbeiter kann dies jedoch zu einer Überforderung und zu schlaflosen Nächten führen. Jeder Mensch ist etwas Einmaliges und in seinen Leistungsmotiven wechselhaft und unbestimmt.

Das Personalgespräch trägt dazu bei, den Mitarbeiter und seine individuellen Erwartungen besser kennenzulernen und zukünftig zu berücksichtigen.

Weitere Einflußfaktoren des Betriebsklimas sind:
- Lohnverhältnisse
- Firmenorganisation
- Arbeitszeit
- Sozialleistungen
- Aufstiegsmöglichkeiten etc.

Auf diese Faktoren hat der Vorgesetzte jedoch nur bedingt Einfluß.

7. Einstellungsgespräch

7.1 Zielsetzung und Vorbereitung des Gespräches

Das Bewerbergespräch hat, wie das Auswahlverfahren generell, das Ziel, aufwandsoptimiert, objektiv und chancenneutral die nach der konkreten Wettbewerbssituation relativ Besten in möglichst kurzer Zeit für die offene Stelle herauszufinden. Es dient dem potentiellen Arbeitgeber, sich einen Gesamteindruck vom Bewerber zu verschaffen. Dieser Eindruck bezieht sich sowohl auf die Gesprächs- und Kontaktfähigkeit als auch auf die Motivationslage des Bewerbers. Des weiteren hat der potentielle Arbeitgeber in bezug auf die spätere Arbeitsgruppe des Bewerbers auf dessen Wesensart, Interessen, Zielvorstellungen, Erwartungen, aber auch auf Fachkenntnisse und Leistungsstand zu achten. Außerdem sollte ein Vergleich zwischen den schriftlichen und mündlichen Angaben des Bewerbers durchgeführt und die Daten der schriftlichen Bewerbungsunterlagen komplettiert werden. Aber auch der Bewerber möchte für ihn notwendige Informationen in dem Einstellungsgespräch erhalten. Diese sind individuell unterschiedlich, beziehen sich aber im wesentlichen auf die Organisation des Unternehmens, die Anforderungen der vakanten Stelle, das Gehalt, die Entwicklungsmöglichkeiten usw. Die Gesprächspartner wollen im Einstellungsgespräch feststellen, ob eine zukünftige Zusammenarbeit möglich erscheint und für beide Seiten vorteilhaft ist.

Die Vorbereitung zum Einstellungsgespräch ist umfangreich und sollte für gutes Gelingen sorgfältig durchgeführt werden. Zu Beginn ist festzulegen, wer das Einstellungsgespräch durchführt bzw. wer daran teilnimmt. Dies wird in der Regel der Personalleiter (oder ein von ihm Beauftragter), der Bereichsleiter der zu besetzenden Stelle und der direkte Vorgesetzte sein. Die Gespräche sollten nacheinander durchgeführt werden, um eine höhere Urteilsgenauigkeit zu erreichen. Auch aus psychologischer Sicht sind die Gespräche zwischen den obengenannten Teilnehmern und dem Bewerber nacheinander durchzuführen, um die Reaktion und das Verhalten des Bewerbers nicht unnötig zu beeinflussen. Wenn mehrere Personen gleichzeitig interviewen, kann beim Bewerber der Eindruck eines Verhörs entstehen. Eine Themenabgrenzung hinsichtlich der Befragung hat zwischen den Gesprächsführenden stattzufinden. Um ein zielorientiertes Gespräch führen zu können, ist es unabdingbar, daß sich der Gesprächsführende der Arbeitgeberseite die Stellenbeschreibung der vakanten Position zu Hilfe nimmt und ein Anforderungsprofil erstellt. Des weiteren hat er die Bewerbungsunterlagen sorgsam nach formalen und inhaltlichen Kriterien zu prüfen und mögliche Unklarheiten und Lücken festzustellen. Uneinigkeit herrscht darüber, ob Eignungstests mit dem Bewerber vor oder nach dem Einstellungsgespräch stattfinden. Sollten sie vorher durchgeführt werden, sind die Auswertungen in die Gesprächsvorbereitung einzubeziehen. Wichtig ist auch, daß sich der Gesprächsführende ein „Bild" von der zukünftigen Arbeitsgruppe macht, um späteren Integrationsproblemen eines neuen Mitarbeiters weitgehend vorzubeugen. Für die Gesprächsführung ist es ebenso von Bedeutung, daß man sich nicht nur auf Fragen aus Arbeitgebersicht, sondern auch auf Fragen aus Arbeitnehmersicht vorbereitet. Denn auch der zukünftige Arbeitnehmer nutzt das Gespräch, um fehlende Daten zu erfragen bzw. sich sein „Bild" vom Unternehmen zu machen. Deshalb gehört es zur sorgfältigen Vorbereitung, sich nicht nur über Arbeitsplatzanforderungen Gedanken zu machen, sondern z. B. auch über Entwicklungsmöglichkeiten, Fortbildungsmaßnahmen, Kompetenzen, Befugnisse und Höhe des Entgeltes. Sollte der Bewerber keine präzisen Auskünfte auf seine Fragen erhalten, kann der Eindruck einer mangelhaften Vorbereitung und mangelndem Interesse entstehen. Wegen der existentiellen Auswirkung eines Stellenwechsels wird der Bewerber nicht selten beim Entstehen eines solchen Eindruckes auf den Arbeitsplatz verzichten.

7.2 Formen der Gesprächsdurchführung

Zur Vorbereitung auf das eigentliche Gespräch, hat sich der Gesprächsführende über die Art der Gesprächsdurchführung im klaren zu werden. Möglich sind dabei folgende Formen:

7.2 Formen der Gesprächsdurchführung

Freies Vorstellungsgespräch

In diesem Gespräch ist der Inhalt und Ablauf nicht vorgegeben, so daß eine offene Gesprächsatmosphäre entsteht. Der Vorteil liegt in der Flexibilität der Gesprächsführung. Nachteilig wirken sich jedoch die geringen Vergleichsmöglichkeiten mehrerer Gesprächsergebnisse und der relativ starke Einfluß von Beurteilungsfehlern aus.

Teil-(halb)standardisiertes Vorstellungsgespräch

Dieses Gespräch gibt einen Rahmen für die Gesprächsdurchführung vor. Er sollte, um eine Vergleichsgrundlage der Ergebnisse zu erhalten, einen Phasenablauf und -aufbau enthalten. Der Inhalt des Gespräches wird bis auf unbedingt zu klärende Fragen und einen zeitlichen Umfang nicht festgelegt. Ein Bewerbergespräch, das auf diese Weise strukturiert ist, kann man als teil-(halb)standardisiert bezeichnen. Der Vorteil dieses Vorstellungsgespräches liegt in der noch vorhandenen Flexibilität. Die Auswertung wird in der Regel einfacher sein als bei einem freien Gespräch.

Standardisiertes Vorstellungsgespräch

Für die Durchführung werden Fragebogen und Checklisten verwendet, wobei Inhalt und Ablauf des Gespräches genau vorgegeben sind. Der Vorteil liegt in der einfachen Auswertung und Vergleichbarkeit der Ergebnisse und in der Ausgrenzung von Sympathie und Antipathie. Der Nachteil ist jedoch, daß das Gespräch unflexibel verläuft. Der persönliche Eindruck und die Individualität des Bewerbers kommen zu kurz.

Auf welche Art das Einstellungsgespräch letztlich durchgeführt wird, hängt von der betrieblichen Situation und von der vakanten Stelle ab. Im folgenden wird von dem teil-(halb)standardisierten Gespräch ausgegangen. Bei der Einladung des Bewerbers zum Gespräch ist darauf zu achten, daß der Termin rechtzeitig angekündigt und die Durchführung in die Randzonen des Arbeitstages gelegt wird. Dies ist erforderlich, um Störungen beim Gespräch weitgehend auszuschließen.

7.3 Phasenablauf des Gespräches

Wie bereits oben erwähnt, enthält das teilstandardisierte Einstellungsgespräch einen Phasenablauf und -aufbau, der im folgenden dargestellt wird. Dieser lehnt sich an den thematischen Aufbau von *Stopp*, der ebenfalls häufig in der Fachliteratur herangezogen wird, an:

Phase I
Die Phase wird auch Kontakt- oder „Anwärm-" Phase genannt. Sie dient u. a. der Lösung von Verkrampfungen beim Bewerber. Die Gesprächspartner begrüßen sich und stellen sich vor; der Gesprächsführende der Arbeitgeberseite bedankt sich für das Erscheinen des Bewerbers und begründet die Einladung zum Gespräch. Diesen Gesprächsabschnitt prägen Atmosphäre und Gesten mehr als viele Worte. Ein Hinweis auf die Vertraulichkeit des Gespräches ist angebracht.

Phase II
In dieser Phase wird der Bewerber über seine persönliche, familiäre und soziale Situation befragt. Ziel ist es u. a., den Mobilitätsgrad zu erkunden und herauszufinden, ob der Bewerber in die ihm zugedachte Arbeitsgruppe paßt.

Phase III
In ihr wird der schulische und betriebliche Bildungsgang des Bewerbers besprochen, einschließlich evtl. Weiterbildungsmaßnahmen. Der potentielle Arbeitgeber kann sich somit ein Bild über die Entwicklungswilligkeit des Bewerbers schaffen.

Phase IV
Sie soll Auskunft über die berufliche Entwicklung geben. In ihr werden Fragen zum erlernten Beruf und zu bisherigen Positionen gestellt. Es können Rückschlüsse auf die Initiative gezogen und Gründe für den Stellenwechsel besprochen werden. Gleichzeitig findet eine Überprüfung der schriftlichen Angaben des Bewerbers statt.

Phase V

In dieser Phase werden Informationen über das Unternehmen, die Organisation und über die Arbeitsgruppe gegeben. Fragen des Bewerbers werden beantwortet. Ziel dieser Phase ist es, falsche oder verzerrte Vorstellungen auf beiden Seiten zu beseitigen.

Phase VI

Diese Phase dient der Vetragsverhandlung. Verschiedene Aspekte des potentiellen Arbeitsvertrages werden geklärt.

Phase VII

Ist der Gesprächsabschluß und enthält eine Zusammenfassung des Gespräches und seines Ergebnisses.

Dieser Phasenablauf kann nur eine Anregung für die Durchführung des Einstellungsgespräches darstellen. Schwerpunkte sind individuell zu setzen. Ebenso sind unbedingt zu stellende Fragen unterzubringen. Erweitert werden kann dieser Ablauf durch eine Besichtigung des Arbeitsplatzes. Gut beraten ist der Interviewer, wenn er sich während des Gespräches Notizen anfertigt. Sie erleichtern die spätere Auswertung und tragen somit zu ihrer Genauigkeit bei. Zu den rechtlichen Aspekten der Fragestellungen in Einstellungsgesprächen sei an dieser Stelle auf einschlägige Fachliteratur verwiesen, da die Ausführung dieser Problematik den Rahmen der Arbeit sprengen würde.

Wichtig ist in diesem Zusammenhang die Frage nach den Gesprächstechniken bzw. Gesprächsstilen. Es werden im wesentlichen drei Stile unterschieden – das Streßgespräch, das direktive und das mitarbeiterorientierte Gespräch. Das Streßgespräch soll in erster Linie die Belastbarkeit des Bewerbers erforschen. Die Zulässigkeit dieses Gesprächsstils ist zweifelhaft und ähnelt einer Gratwanderung. Auf das Streßgespräch sollte deshalb zumindest in „normalen" Einstellungsgesprächen verzichtet werden. Der direktive Stil ist der lenkende und leitende Stil. Er entspricht dem traditionellen Image des Vorgesetzten und dient der Durchsetzung seiner Absichten. Der mitarbeiterorientierte oder auch non-direktive Stil verzichtet weitgehend auf eine Lenkung durch den Vorgesetzten bzw. Gesprächsführenden der Arbeitgeberseite. Beim Einstellungsgespräch ist ein Wechsel zwischen direktivem und non-direktivem Gesprächsstil zu empfehlen. Der non-direktive Stil (unterstützt durch offene Fragen) läßt dem Bewerber Raum für freie Äußerungen, ohne daß er dabei erahnen kann und soll, welche Antworten der Fragesteller hören möchte. Dagegen erscheint der direktive Gesprächsstil günstiger bei der Klärung von bestimmten Sachverhalten (z. B. Lücken oder Ungereimtheiten in den Bewerbungsunterlagen). Er ist anzuwenden, damit der Bewerber nicht das Ruder übernimmt und somit die Richtung des Gesprächsverlaufes bestimmt. Die jeweiligen Gesprächsstile sind mit den Fragetechniken zu verbinden.

7.4 Auswertung und Folgen des Gespräches

Zur Auswertung der Gesprächsergebnisse gehört zunächst die Bewußtmachung von Wahrnehmungs- bzw. Beurteilungsfehlern. Die Auswertung der Ergebnisse würde sich sonst vom Grundsatz der Objektivität und Chancenneutralität entfernen. Im Anschluß sollten die Gesprächsnotizen ausgewertet bzw. ergänzt werden. Als Auswertungshilfe können auch Bewertungsbogen herangezogen werden, die zum Teil eine beachtliche Anzahl relevanter Beurteilungskriterien enthalten und in ihrer Auswertung eine höhere Vergleichbarkeit sichern. Solche Bogen lassen zum Teil auch eine Gewichtung einzelner Anforderungskriterien zu. Des weiteren sind die schriftlichen Bewerbungsunterlagen mit den neuen Erkenntnissen aus dem Gespräch zu ergänzen. Inwieweit non-verbale Verhaltensweisen des Bewerbers ausgewertet werden sollten (insbesondere Körperhaltung, Gestik, Mimik), hängt vom Interviewer ab. Rückschlüsse aus der Gepflegtheit, den Manieren usw. zu ziehen, ist dagegen durchaus angebracht und unter anderem auch Sinn des Gespräches.

Weitere Schritte sind vom Einstellungsverfahren des Unternehmens abhängig. Unter anderem davon, ob Einstellungstests (darunter evtl. auch die Assessment-Center-Methode) bereits durchgeführt wurden oder noch folgen. Sollte letzteres der Fall sein, so sind die Ergebnisse abzuwarten und dem Gesamtergebnis hinzuzufügen. Ebenso steht es mit dem ärztlichen Gutachten (insbesondere unter Berücksichtigung des Jugendarbeitsschutzgesetzes bei jugendlichen Bewerbern unter 18 Jahren). Wenn die Testergebnisse bereits vorliegen, sollten alle Ergebnisse zusammengetragen und ein Vergleich mit dem Anforderungsprofil durchgeführt werden. Es findet also ein Vergleich zwischen dem Anforderungsprofil und den Fertigkeiten und Kenntnissen des Bewerbers statt. Aus diesem Vergleich läßt sich im Anschluß ein Eignungsprofil erstellen. Auf diese Weise können zunächst Bewerber herausgefunden werden, die den Anforderungen nicht gerecht werden. Diesen ist eine schriftliche Absage zuzusenden. Im folgenden sollten die Bewerber, die die Anforderungen erfüllen (und darüber liegen), miteinander verglichen werden. Bei diesem Vergleich wird eine Rangreihe erstellt, so daß der relativ Beste die Platzziffer eins erhält. Im nächsten Schritt erfolgt eine Prognose, die das zukünftige Verhalten des Bewerbers ermitteln soll. Sollte eine Entscheidung nach dem Einstellungsgespräch gefallen sein, so ist der potentielle Mitarbeiter zwecks Vertragsabschluß einzuladen. Rechtliche Kriterien (insbesondere das BetrVG, fünfter Abschnitt: Personelle Maßnahmen) sind zu berücksichtigen. Sollte hingegen ein zweites Einstellungsgespräch vonnöten sein, so ist hierfür eine Einladung zu versenden. Eine persönliche Gesprächsauswertung des Einstellungsgespräches sollte durchgeführt werden, um mögliche Schwachpunkte in der Gesprächsdurchführung zu erkennen und in späteren Gesprächen zu vermeiden.

7.5 Gesprächskonzept

Gesprächsvorbereitung:
- Stellenbeschreibung der vakanten Position durchsehen
- Eindruck von der zukünftigen Arbeitsgruppe verschaffen
- Anforderungsprofil erstellen
- Informationen über die vakante Stelle verschaffen
- Den Bewerbungsunterlagen wesentliche Informationen entnehmen
- Bereits vorhandene Testergebnisse hinzuziehen
- Fragen an den Bewerber schriftlich festhalten
- Gesprächspartner festlegen (wer nimmt am Gespräch teil?)
- Form der Gesprächsdurchführung festlegen
- Für ungestörte Räumlichkeiten sorgen

Durchführung des teilstandardisierten Gespräches
- Berücksichtigung der 7 Phasen der Gesprächsdurchführung und dabei:
  - Auf Kontakt auf der Beziehungsebene achten
  - Notizen fertigen
  - Redeanteil situationsgerecht gering halten
  - Auf Fragetechniken achten
  - Aktiv Zuhören
  - Gesprächsstil beachten
- Auf positiven Gesprächsabschluß achten

Gesprächsauswertung
- Gesprächsnotizen auswerten
- Evtl. non-verbale Verhaltensweisen des Bewerbers auswerten und schriftlich festhalten
- Profil der Fertigkeiten und Kenntnisse des Bewerbers erstellen
- Vergleich zwischen Fertigkeiten und Kenntnissen und Anforderungsprofil vornehmen
- Eignungsprofil erstellen
- Bewerbern, die den Anforderungen nicht gerecht werden eine schriftliche Absage zusenden
- Aus den restlichen Bewerbern eine Rangreihe erstellen
- Falls notwendig, weitere Informationen einholen (ärztliches Gutachten usw.)
- Prognose über die Bewerber erstellen
- Evtl. zu einem zweiten Gespräch oder den relativ „bestgeeigneten" Bewerber zum Vertragsabschluß einladen und dem Rest eine schriftliche Absage zusenden
- Persönliche Gesprächsauswertung vornehmen

7.6 Gesprächsbeispiel

Phase I

Arbeitgeber: „Guten Tag, Frau Müller. Mein Name ist Lehmann. Ich bin Mitarbeiter der Personalabteilung und zuständig für die Einstellung von neuen Mitarbeitern im Unternehmen. Nehmen Sie doch bitte Platz".

Bewerberin: „Guten Tag, Herr Lehmann".

7.6 Gesprächsbeispiel Phase I

Arbeitgeber: „Ich möchte mich zunächst für Ihre Bewerbung als Sekretärin für die Einkaufsabteilung und Ihr damit gezeigtes Interesse bedanken. Wie ich Ihren Bewerbungsunterlagen entnommen habe, befinden Sie sich in einem ungekündigten Arbeitsverhältnis. Ich versichere Ihnen, daß wir dieses Gespräch absolut vertraulich behandeln werden".

Bewerberin: „Das ist gut, daß Sie das sagen, da in meiner jetzigen Firma niemand weiß, daß ich mich bei Ihnen beworben habe".

Arbeitgeber: „Frau Müller, wir haben Sie zu diesem Gespräch eingeladen, da Sie bereits über umfangreiche Kenntnisse und Fertigkeiten und über langjährige Berufserfahrung in dem von uns gesuchten Bereich verfügen. Seien Sie doch bitte so nett und schildern mir Ihren beruflichen Werdegang".

Erläuterung

Der Mitarbeiter der Personalabteilung stellt den Kontakt auf der Beziehungsebene mit der Bewerberin her, indem er sie freundlich mit Namensnennung begrüßt und Ihr einen Sitzplatz anbietet. Dabei achtet der Arbeitgeber auf seine non-verbalen Verhaltensweisen. Durch seine einleitenden Worte nimmt er der Bewerberin eine mögliche Befangenheit. Der emotionale Kontakt wird verstärkt, da der Arbeitgeber sich für das Interesse bedankt und einen Hinweis auf die Vertraulichkeit gibt. Mit diesem Hinweis und einer Begründung der Einladung berücksichtigt der Arbeitgeber die Erwartungen der Bewerberin. Da eine Mobilität (Phase II) für die Tätigkeit nicht erforderlich ist, geht der Arbeitgeber direkt zur Phase III über.

Phase III

Bewerberin: „Also, ich habe eine Berufsausbildung zur Rechtsanwalts- und Notariatsgehilfin. Nach der Ausbildung war ich noch zwei Jahre in diesem Beruf tätig. Dann lernte ich meinen jetzigen Mann kennen und schied aus diesem Beruf aus, da wir zwei Kinder bekamen. Nach acht Jahren habe ich meine Berufstätigkeit wieder aufgenommen und habe als Sekretärin in der Einkaufsabteilung der Firma XY angefangen. Dort bin ich nach wie vor in ungekündigter Stellung tätig".

Arbeitgeber: „Ist Ihnen der Einstieg nach acht Jahren Pause nicht schwergefallen?"

Bewerberin: „Nein, denn ich habe bereits vor dem Einstieg in die Berufstätigkeit sowohl einen Stenographie-Kurs als auch einen umfangreichen Personalcomputer-Kurs besucht".

Arbeitgeber: „Das ist gut, daß Sie diese Kurse gerade erwähnen, da ich aus Ihren Bewerbungsunterlagen nicht entnehmen konnte, wie es um Ihre Kenntnisse im Umgang mit Computern steht. Was haben Sie denn bei diesem Kurs genau behandelt?"

Bewerberin: „Im wesentlichen habe ich mich mit verschiedenen Textverarbeitungsprogrammen beschäftigt. Hier insbesondere mit Word und Word für Windows. Zusätzlich habe ich mich noch mit Tabellenkalkulations-Programmen beschäftigt, aber nicht so tiefgreifend wie mit den Textverarbeitungsprogrammen".

Arbeitgeber: „Das ist ja sehr erfreulich, dann werden Sie bei dem Umgang unseren Personalcomputern keine Schwierigkeiten haben. Frau Müller, haben Sie sich denn im Laufe Ihrer Tätigkeit in Ihrer jetzigen Firma beruflich verändern können?"

Erläuterung

Der Arbeitgeber befragt die Bewerberin nach ihrem beruflichen Werdegang und gibt ihr die Möglichkeit, sich frei zu äußern. Zusätzlich zum beruflichen Werdegang erhält der Arbeitgeber Informationen über die familiäre Situation der Bewerberin. Der Arbeitgeber hinterfragt ihre Auskunft (aktives Zuhören) und bekundet, daß er sich in die Lage der Bewerberin versetzt hat. Er erhält Aufschluß über die Entwicklung und Initiative der Bewerberin. Ein Nachfragen der Inhalte (aktives Zuhören) der Weiterbildungsmaßnahmen gibt Auskunft über die erlangten Kenntnisse und Fertigkeiten. Diese ergänzen die schriftlichen Bewerbungsunterlagen.

Phase IV

Bewerberin: „Ja, durch interne und externe Fortbildungsmaßnahmen konnte ich bis zur Chefsekretärin des Einkaufsleiters aufsteigen. Diese Tätigkeit übe ich seit zwei Jahren aus".

Arbeitgeber: „Das ist ja eine beachtliche Leistung. Wie kommt es denn, daß Sie die Stelle wechseln möchten?"

Bewerberin: „Nun, mein jetziger Vorgesetzter wird Ende des Jahres pensioniert und mit dem in Frage kommenden Nachfolger möchte ich nicht zusammenarbeiten. Mit ihm habe ich bereits früher zusammengearbeitet, hatte aber leider persönliche Differenzen".

Arbeitgeber: „Würde es Ihnen etwas ausmachen, Frau Müller, mir zu sagen, worum es sich bei diesen Differenzen handelte?"

Bewerberin: „Nein, das kann ich gerne sagen. Ich wurde von dem betreffenden Herrn nicht immer über Veränderungen in terminlicher und auch organisatorischer Hinsicht unterrichtet. Eine korrekte Ausübung meiner Aufgaben war somit nicht immer möglich".

Erläuterung

Die Frage nach der beruflichen Veränderung gibt dem Arbeitgeber Auskunft über die Initiative der Bewerberin. Im Anschluß werden Gründe für den Stellenwechsel mit einer offenen Frage ermittelt. Nach einer für den Arbeitgeber unbefriedigenden Antwort hinterfragt er die Aussage, nimmt dabei jedoch Rücksicht auf die Bedürfnisse der Bewerberin. Dies zeigt sich in der Formulierung, ob es ihr etwas ausmachen würde, sich über den Vorfall mit ihrem Vorgesetzten zu äußern. Er gibt ihr damit die Möglichkeit, sehr persönliche Angelegenheiten in diesem Gespräch auszugrenzen. Ziel ist es unter anderem festzustellen, ob sie in die zukünftige Arbeitsgruppe paßt. Nach der Klärung der Gründe für den Stellenwechsel achtet der Arbeitgeber darauf, daß der Kontakt auf der emotionalen Ebene nicht abbricht.

Phase V

Arbeitgeber: „Da kann ich Ihre Unzufriedenheit natürlich nachvollziehen. Tja, Frau Müller, haben Sie denn noch Fragen bezüglich der ausgeschriebenen Stelle?"

Bewerberin: „Ja, mich würden die Entwicklungsmöglichkeiten im Unternehmen interessieren".

Arbeitgeber: „Grundsätzlich stehen wir den Entwicklungsmöglichkeiten offen gegenüber. Sie müssen aber berücksichtigen, daß es sich hierbei um die Stelle der Sekretärin des Einkaufsleiters handelt. Das bedeutet, daß über dieser Stelle lediglich die Stelle der Sekretärin der Geschäftsleitung steht. Es besteht natürlich die Möglichkeit, daß Sie sich dorthin entwickeln können. Hierfür bieten wir auch Fortbildungskurse an, da es sich ja doch um ein anderes Aufgabengebiet handelt".

Bewerberin: „Gut, ich wollte nur grundsätzlich wissen, ob Entwicklungen im Unternehmen möglich sind".
Arbeitgeber: „Haben Sie noch weitere Fragen, Frau Müller?"

Erläuterung
Der Arbeitgeber gibt der Bewerberin die Möglichkeit, Fragen bezüglich des Arbeitsplatzes zu stellen. Um nicht von verzerrten Vorstellungen auszugehen, zeigt der Arbeitgeber Entwicklungsmöglichkeiten realistisch auf.

Phase VI
Bewerberin: „Nein, die vertraglichen Regelungen waren ja bereits in der Stellenanzeige angegeben".

Erläuterung
Vertragsregelungen sind beiden Seiten bekannt, so daß diesbezüglich keine Fragen vorhanden sind.

Phase VII
Arbeitgeber: „Dann ist ja soweit alles geklärt. Bleibt mir nur noch, mich bei Ihnen für das Gespräch zu bedanken. Da ich in der nächsten Woche weitere Bewerbungsgespräche betreffend der vakanten Stelle führe, möchte ich Sie bitten, sich bis zum Ende des Monats zu gedulden. Sie erhalten bis spätestens zu diesem Termin eine schriftliche Benachrichtigung von uns. Vielen Dank, auf Wiedersehen".
Bewerberin: „Ich bedanke mich auch, auf Wiedersehen".

Erläuterung
Der Arbeitgeber beendet das Gespräch positiv mit einem Dank an die Bewerberin. Er informiert sie während des Gesprächsabschlusses über den Entscheidungstermin bezüglich der Stellenbesetzung. Dies ist erforderlich, damit die Bewerberin über den weiteren Verlauf nicht im Unklaren gelassen wird.

8. Einführungsgespräch

8.1 Gründe und Vorbereitung des Gespräches

Wenn sich ein Unternehmen aufgrund des Einstellungsverfahrens für einen Bewerber entschieden hat, so sollte es daran interessiert sein, diesen neuen Mitarbeiter systematisch im Unternehmen einzuführen. Dieses Interesse basiert zum einen auf den Kosten, die mit der Anwerbung, Einstellung und Einarbeitung eines neuen Mitarbeiters verbunden sind. Zum anderen ist die Fluktuationsbereitschaft bei neuen Mitarbeitern größer als bei langjährig Beschäftigten. Eine richtige Einführung ist entscheidend für eine gute Beziehung des neuen Mitarbeiters zu seinen Aufgaben, seiner neuen Arbeitsgruppe und wichtig für eine hohe Einsatz- und Leistungsbereitschaft. Die Einführung bzw. Einarbeitung eines Mitarbeiters sollte regelmäßig mit einem Einführungsgespräch zwischen dem Vorgesetzten und dem Neuen beginnen. Eine gesetzliche Grundlage bildet der § 81 Abs. 1 und 2 BetrVG, auch wenn hier nicht ausdrücklich von einem Einführungsgespräch zwischen Vorgesetztem und neuem Mitarbeiter die Rede ist. „Der Arbeitgeber hat den Arbeitnehmer über dessen Aufgabe und Verantwortung sowie über die Art seiner Tätigkeit und ihrer Einordnung in den Arbeitsablauf des Betriebs zu unterrichten. Er hat den Arbeitnehmer vor Beginn der Beschäftigung über die Unfall- und Gesundheitsgefahren, denen dieser bei der Beschäftigung ausgesetzt ist, sowie über die Maßnahmen und Einrichtungen zur Abwendung dieser Gefahren zu belehren. Über Veränderungen in seinem Arbeitsbereich ist der Arbeitnehmer rechtzeitig zu unterrichten". Das Einführungsgespräch dient nicht nur dem sachlichen Informationsaustausch, sondern auch dem persönlichen Kennenlernen und ersten Kontakt. Zunächst ist dem Neuen ein Einladungsschreiben, das Auskunft über Gesprächsort, -zeitpunkt und -inhalt gibt, zuzusenden. Der Vorgesetzte hat sich dementsprechend am ersten Arbeitstag des neuen Mitarbeiters ausreichend Zeit und von anderen Terminen Abstand zu nehmen. Des weiteren sollte sich der Vorgesetzte mit den Daten des neuen Mitarbeiters, die dem Unternehmen aus den Personalpapieren bekannt sind, vertraut machen. Er hat sich weiterhin alle relevanten Unterlagen, die dem Neuen ausgehändigt werden müssen (z. B. Unfallvorschriften, Brandschutzordnung) bzw. ihm hilfreich sind (Einführungsschrift, Betriebszeitschrift usw.) zu besorgen. Diese Unterlagen sind vom Vorgesetzten vor der Aushändigung zu sichten, um mögliche Unklarheiten bei der Übergabe zu beseitigen („firmenchinesisch"). Es ist ratsam Zeichnungen und Diagramme, die Informationen über das Unternehmen und den Arbeitsplatz enthalten, in der Gesprächsdurchführung zu verwenden. Sie tragen zum besseren Verständnis der gegeben Informationen bei. Außerdem sollte der Vorgesetzte Sorge tragen, daß die Kollegen von dem Eintreffen des Neuen unterrichtet und der zukünftige Arbeitsplatz vorbereitet ist.

8.2 Mitarbeiterorientierte Gesprächsdurchführung

Bei der Gesprächsdurchführung ist darauf zu achten, daß zunächst ein Kontakt auf der emotionalen Ebene hergestellt wird. Dies ist wichtig, da es sich in der Regel um das erste bzw. erste längere Gespräch zwischen Vorgesetztem und neuem Mitarbeiter handelt. Dem neuen Mitarbeiter sollte das Gefühl vermittelt werden, daß man auf ihn gewartet hat und er wertvoll und wichtig für das Unternehmen ist. Um die Anfangsbenommenheit des neuen Mitarbeiters etwas zu nehmen, bietet es sich an, daß der Vorgesetzte sich vorstellt, einige Worte zu seiner Person, seinem Aufgabenbereich und seiner Stellung im Unternehmen verliert. Im Anschluß sollte sich der neue Mitarbeiter vorstellen und seine bisherigen Tätigkeiten sowie seine Fertigkeiten und Kenntnisse darlegen, aber auch Erwartungen und Befürchtungen im Hinblick auf den neuen Arbeitsplatz äußern. In dieser Gesprächsphase ist es wichtig, das der Vorgesetzte an die Erwartungen und Befürchtungen anknüpft und die Technik des aktiven Zuhörens anwendet. Dem Mitarbeiter wird somit das Gefühl gegeben, daß er ernst genommen wird und auch seine Gefühle berücksichtigt werden. Anschließend werden vom Vorgesetzten einige Unternehmensdaten und -ziele erläutert sowie Informationen über die Stelle des Neuen und deren Gesamtzusammenhang gegeben. Diese

Informationen enthalten auch die Sicherheitsvorschriften und Unfallgefahren (§ 81 BetrVG). Zum besseren Verständnis sollten hierzu vorbereitete Zeichnungen, Diagramme usw. benutzt werden. Bei der Informationsvermittlung ist darauf zu achten, daß der Mitarbeiter auch versteht was ihm mitgeteilt wird. Mit anderen Worten, es ist auf eine „empfängerorientierte" Kommunikation zu achten. Dies ist deshalb notwendig, da man häufig einer unternehmensinternen Sprache verfällt, die für Außenstehende bzw. Neue nicht immer verständlich ist. Aus diesem Grund sollten im Gespräch Rück-Informationen (Feedback) eingearbeitet werden, damit der Sender überprüfen kann, ob der Empfänger die Botschaft auch verstanden hat. Fragen sollten im gesamten Gesprächsverlauf von beiden Gesprächspartnern gestellt werden, um Mißverständnisse zu vermeiden und Klarheit zu schaffen. Es ist darauf zu achten, daß die Informationen auf das Wesentliche begrenzt und durch schriftliche Unterlagen ergänzt werden. Der Vorgesetzte sollte nicht versäumen, dem neuen Mitarbeiter die Möglichkeit zu Aussprachen anzubieten. Im Anschluß sollte der neue Mitarbeiter zu seinem Arbeitsplatz begleitet und seinen Kollegen und evtl. Zwischenvorgesetzten vorgestellt werden, wobei eine kurze Charakterisierung der nächsten Arbeitskollegen erfolgt. Das Gespräch sollte anschließend in netter Form, mit den besten Wünschen für gutes Gelingen und für einen erfolgreichen Start beendet werden.

8.3 Folgen des Gespräches

Im Gesprächsanschluß ist es sinnvoll, wenn der Vorgesetzte einige Angaben vom neuen Mitarbeiter schriftlich festhält. Insbesondere dann, wenn sie die bereits vorhandenen Daten ergänzen, z. B. in bezug auf Kenntnisse und Fertigkeiten. Sie können für weitere Gespräche mit dem neuen Mitarbeiter verwendet werden bzw. als Grundlage für Art und Umfang der Einarbeitung herangezogen werden. Weiterhin sollte der Vorgesetzte in ständigem Kontakt mit dem Mentor/Paten bleiben, um über den Einarbeitungs- bzw. Entwicklungsprozeß des Neuen informiert zu sein. Weitere Gespräche zwischen dem neuen Mitarbeiter und dem Vorgesetzten sind individuell, je nach Aufgabenbereich und Persönlichkeit des Neuen, zu vereinbaren. Auf jeden Fall sollte der neue Mitarbeiter während der Probezeit objektiv beobachtet werden, da am Ende der Probezeit eine Beurteilung durch den Vorgesetzten vorgenommen werden muß.

8.4 Gesprächskonzept

Gesprächsvorbereitung
- Mit den Daten des neuen Mitarbeiters vertraut machen
- Kollegen informieren, wann der Neue anfängt und um wen es sich dabei handelt, unter Angabe:
  - Seiner bisherigen Tätigkeit
  - Seiner Vorbildung usw.
- Unterlagen, die dem Neuen nützlich sind, zusammentragen und aufbereiten. Unter anderem:
  - Einführungsschrift
  - Betriebszeitschrift
  - Brandschutzordnung usw.
- Wichtige Informationen visuell aufbereiten
- Mentor/Paten bereitstellen, der dem Neuen während der Einarbeitungszeit zur Seite steht
- Den zukünftigen Arbeitsplatz des Neuen herrichten
- Den neuen Mitarbeiter rechtzeitig anschreiben und Gesprächsort, -zeitpunkt und -inhalt mitteilen
- Für ungestörtes Gespräch sorgen

Gesprächsdurchführung

Eröffnung
- Begrüßung des neuen Mitarbeiters
- Kontakt auf der Beziehungsebene herstellen

Darstellung des Anlasses
- Gesprächsanlaß nennen
- Gesprächsziel nennen

8.4 Gesprächskonzept

Kerngespräch
- Vorstellung des Vorgesetzten, unter Angabe von:
  - Stellung im Unternehmen
  - Aufgabenbereich
  - Kompetenzen usw.
  - Vorstellung des neuen Mitarbeiters, unter Angabe von:
  - Bisheriger Tätigkeit
  - Fertigkeiten und Kenntnisse
  - Erwartungen hinsichtlich der neuen Stelle usw.
- Notwendige Informationen an den neuen Mitarbeiter geben, über:
  - Aufgabenbereich und dessen Bedeutung im Unternehmen
  - Sicherheitsvorschriften
  - Unternehmensdaten usw.
- Die Informationen nach Möglichkeit visualisieren
- Wichtige Informationen zusätzlich schriftlich überreichen
- Bei der Informationsweitergabe ständig auf Verständlichkeit achten und fragen, ob weitere Erklärungen gewünscht werden
- Selbst auch Rückfragen stellen
- Vorstellung des Mentors/Paten
- Den Neuen zum Arbeitsplatz begleiten und mit nächsten Arbeitskollegen bekanntmachen

Abschluß
- Dem Mitarbeiter viel Erfolg und einen guten Start wünschen

Gesprächsauswertung
- Angaben des Neuen, soweit sie die vorhandenen Daten ergänzen, schriftlich festhalten
- In ständigem Kontakt mit dem Mentor/Paten bleiben
- Den neuen Mitarbeiter beobachten, da am Ende der Probezeit die Beurteilung steht
- Weitere Gesprächstermine mit dem Neuen individuell vereinbaren
- Persönliche Gesprächsauswertung vornehmen

8.5 Gesprächsbeispiel

Gesprächseröffnung
Vorgesetzter: „Guten Tag, Herr Müller. Mein Name ist Lehmann. Ich freue mich Sie als neuen Mitarbeiter in unserem Unternehmen begrüßen zu dürfen. Nehmen Sie doch bitte Platz".
Mitarbeiter: „Guten Tag, Herr Lehmann".

Erläuterung
Der Vorgesetzte stellt in dieser Phase des Gespräches den Kontakt auf der Beziehungsebene her. Dieser Kontakt wird hergestellt, indem er den neuen Mitarbeiter mit Namensnennung begrüßt, ihm freundlich einen Sitzplatz anbietet und dabei auf seine non-verbalen Verhaltensweisen achtet.

Darstellung des Gesprächsanlasses
Vorgesetzter: „Herr Müller, ich habe Sie an Ihrem ersten Arbeitstag zu mir gebeten, damit ich Ihnen einige Informationen geben kann, die für Sie wichtig sind. Außerdem wollte ich Ihnen die Gelegenheit geben, zu Beginn Ihrer Arbeitstätigkeit Fragen zu stellen, die bisher noch nicht gestellt bzw. beantwortet wurden."

Erläuterung
Der Vorgesetzte gibt dem Mitarbeiter den Grund des Gespräches an, damit beide Gesprächspartner über die Zielsetzung informiert sind und nicht von unterschiedlichen Gesprächsinhalten ausgehen.

Kerngespräch
Vorgesetzter: „Ich würde vorschlagen, daß ich mich zunächst vorstelle, damit Sie einen Einblick bekommen, mit wem Sie es zu tun haben. Wie bereits erwähnt ist mein Name Lehmann. Ich leite die Abteilung Debitoren-Buchhaltung, in der Sie Ihren zukünftigen Aufgabenbereich finden. Ich leite diese Abteilung seit sieben Jahren. Die Debitoren-Buchhaltung besteht mit Ihnen aus sechs Mitarbeitern. Ich habe Ihnen einmal eine Grafik mitgebracht, aus der Sie entnehmen können, wie unser Unternehmen organisatorisch strukturiert ist und wo unsere Abteilung eingegliedert ist. Wenn Sie so nett wä-

ren, sich einmal vorzustellen und einige Angaben über Ihre bisherige Tätigkeit machen".

Mitarbeiter: „Ja, gerne. Also, ich habe eine Berufsausbildung bei der Firma XY zum Bürokaufmann gemacht. Diese Firma hat mich dann auch nach der Ausbildung in der Debitoren-Buchhaltung übernommen. Meine Aufgabe bestand in der Bearbeitung der Sollbestände, von der ersten Mahnung bis zur eidesstattlichen Versicherung des Schuldners. Im Rahmen dieser Tätigkeit habe ich sehr eng mit einer Rechtsanwaltskanzlei zusammengearbeitet, die für die Firma die Klageschriften übernommen hat".

Vorgesetzter: „Das ist ja sehr günstig, wir haben nämlich unseren eigenen Rechtsanwalt im Hause. Dann wird Ihnen die Zusammenarbeit mit ihm sicherlich nicht schwerfallen".

Mitarbeiter: „Nein, das sicherlich nicht. Aber mir wurde gesagt, daß sie alle buchungstechnischen Angelegenheiten über die automatisierte Datenverarbeitung abwickeln und hier fehlen mir doch einige Kenntnisse".

Vorgesetzter: „Ja, ich weiß, das habe ich bereits Ihren Bewerbungsunterlagen entnommen. Diese Kenntnisse werden Ihnen jedoch in der Probezeit vermittelt, so daß Sie dahingehend keine Bedenken haben müssen".

Mitarbeiter: „Da bin ich aber beruhigt".

Vorgesetzter: „Haben Sie denn noch Fragen, Herr Müller?"

Mitarbeiter: „Also, im Augenblick nicht".

Vorgesetzter: „Gut, dann würde ich Ihnen noch einige Informationen über unser Unternehmen und über die Sicherheitsvorschriften geben. Ich habe Ihnen dazu einmal eine Einführungsschrift, die auch über die 70jährige Geschichte unseres Unternehmens informiert und einige interessante Informationen enthält, mitgebracht. Außerdem habe ich hier noch die Brandschutzordnung, deren Empfang Sie mir bitte gegenzeichnen müßten und unsere Betriebszeitschrift. Diese Zeitschrift erscheint monatlich und enthält aktuelle Informationen. Sie ist sehr lesenswert. Ich habe diese Unterlagen vorher durchgesehen und Ihnen zum besseren Verständnis einige Randvermerke gemacht. Sollten Sie dazu noch Fragen haben, stehe ich Ihnen gerne zur Verfügung. Außerdem steht Ihnen der Kollege Schulze, der Ihnen während der Einarbeitungsphase zur Seite steht, für Fragen und Problemlösungen zur Verfügung.

8. Einführungsgespräch

Da Sie keine Fragen mehr haben, würde ich Ihnen den Kollegen Schulze gerne vorstellen".
(läßt Herrn Schulze zu sich ins Büro kommen)
„Guten Tag, Herr Schulze. Ich möchte Ihnen unseren neuen Mitarbeiter, Herrn Müller, vorstellen".
Pate/Mentor: „Guten Tag, Herr Müller. Herzlich willkommen, ich freue mich Sie kennenzulernen".
Mitarbeiter: „Guten Tag, Herr Schulze".
Vorgesetzter: „Herr Schulze ist ebenfalls in der Debitoren-Buchhaltung tätig. Er ist seit zehn Jahren im Unternehmen beschäftigt und damit einer der erfahrensten Mitarbeiter in der Abteilung. Herr Schulze wird Sie in der Probezeit einarbeiten und betreuen. Haben Sie noch Fragen an Herrn Schulze, Herr Müller?"
Mitarbeiter: „Nein, zur Zeit nicht".
Vorgesetzter: „Dann schlage ich vor, gehen wir zu Ihrem zukünftigen Arbeitsplatz und ich stelle Ihnen Ihre nächsten Kollegen vor".
(Gehen gemeinsam zum Arbeitsplatz. Herr Müller wird seinen Kollegen vorgestellt.)

Erläuterung
Um die Anfangsbenommenheit des neuen Mitarbeiters zu nehmen, stellt sich der Vorgesetzte zunächst selbst vor und macht einige Angaben zur Person. Der Vorgesetzte bedient sich bei seinen Ausführungen einer Grafik und visualisiert somit zum besseren Verständnis die Informationen. Anschließend fordert er den neuen Mitarbeiter auf, sich vorzustellen und gibt ihm die Möglichkeit sich frei und ausführlich zu äußern. Nach den Ausführungen des Mitarbeiters knüpft der Vorgesetzte an dessen Erwartungen, die seine Arbeitsleistung betreffen, an. Geäußerte Befürchtungen hinsichtlich fehlender Datenverarbeitungs-Kenntnisse werden vom Vorgesetzte aufgegriffen und relativiert. Durch diese Vorgehensweise bleibt der Kontakt auf der emotionalen Ebene erhalten und wirkt sich auch beruhigend auf den Mitarbeiter aus. Nachdem sichergestellt wurde, daß der Mitarbeiter keine Fragen hat, geht der Vorgesetzte dazu über, weitere Informationen über das Unternehmen zu geben. Diese Informationen werden dem Mitarbeiter in Schriftform übergeben, um ihm die Möglichkeiten zu geben, diese Informationen zu einem späteren Zeitpunkt nachzulesen. Mit dieser Vorgehensweise wird ei-

nem Vergessensprozeß vorgebeugt. Mit den Randvermerken, die der Vorgesetzte bei den schriftlichen Unterlagen vorgenommen hat, achtet er auf eine empfängerorientierte Kommunikation. Nach dem Informationsaustausch erfolgt die Vorstellung des Mentors/Paten. Da der Mentor bereits vor der Gesprächsdurchführung notwendige Informationen über den neuen Mitarbeiter erhalten hat, erfolgt die persönliche Vorstellung des neuen Kollegen. Bei der Bekanntmachung gibt der Vorgesetzte einige Informationen über den Mentor an den neuen Mitarbeiter weiter, damit er sich ein „Bild" von ihm machen kann. Um Informationslücken vorzubeugen, gibt der Vorgesetzte dem neuen Mitarbeiter die Möglichkeit, Fragen an den Mentor zu stellen. Da keine weiteren Informationen vom Mitarbeiter gewünscht werden, begleitet der Vorgesetzte ihn zu seinem neuen Arbeitsplatz. Dort stellt er ihn den nächsten Kollegen vor, um einen besseren Einstieg zu gewährleisten.

Gesprächsabschluß
Vorgesetzter: „Dann bleibt mir zunächst nur noch, Ihnen einen guten Start zu wünschen. Mit Fragen wenden Sie sich bitte, wie bereits gesagt, an Herrn Schulze. Natürlich können Sie mich auch ansprechen. Wo Sie mich finden, wissen Sie ja jetzt. Viel Erfolg, auf Wiedersehen".
Mitarbeiter: „Vielen Dank, auf Wiedersehen".

Erläuterung
Der Vorgesetzte beendet das Gespräch in positiver Form, mit dem Hinweis, daß sich der neue Mitarbeiter auch zukünftig mit Fragen und Problemen an ihn wenden kann. Er erreicht damit, daß der Kontakt auf der emotionalen Ebene zwischen den Gesprächspartnern erhalten bleibt und der neue Mitarbeiter weitere Gespräche nicht scheut.

9. Kritikgespräch

9.1 Zielorientierte Kritik

Der Anlaß des Kritikgespräches kann zwei Gründe haben. Zum einen kann er darin begründet sein, daß der Mitarbeiter in wiederholter oder schwerwiegender Form eine negative Verhaltensweise bzw. negative Leistungsgesinnung gezeigt hat. In diesem Fall handelt es sich um ein Fehlverhalten im persönlichen Bereich und wird vom Vorgesetzten getadelt. Zum anderen kann der Anlaß eine wiederholte bzw. schwerwiegende oder auch absichtliche ungenügende Leistung des Mitarbeiters sein. Hier gibt das Arbeitsergebnis im sachlichen Bereich den Grund zur Kritik. Bei einem Fehlverhalten im persönlichen Bereich spricht man demnach von einem Tadel und bei einem Fehlverhalten im sachlichen Bereich von Kritik.

Das Hauptziel des Vorgesetzten ist es, das Fehlverhalten des Mitarbeiters im sachlichen und persönlichen Bereich zu erörtern und zu beseitigen. Da sich jedoch nicht jedes Fehlverhalten sofort durch das Kritikgespräch beheben läßt, ist es möglicherweise sinnvoll, Teilziele zu formulieren. Gedacht wird hier z. B. an Fortbildungsmaßnahmen. In der Praxis werden sich diese Teilziele jedoch erst bei der Gesprächsdurchführung aufstellen lassen, da der Vorgesetzte erst im Gespräch mit dem Mitarbeiter erfährt, ob dieser überhaupt die erforderlichen Kenntnisse und Fertigkeiten besitzt, um die geforderte Leistung zu erbringen bzw. willens ist, sein Fehlverhalten abzustellen. Fehlende Kenntnisse und Fertigkeiten können im Laufe der Zeit durch die Differenz zwischen den tatsächlichen und den in der Stellenbeschreibung genannten Arbeitsplatzanforderungen entstehen. Bewußtmachen sollte sich der Vorgesetzte, daß eine (möglicherweise zu einem späteren Zeitpunkt) beabsichtigte verhaltensbedingte Kündigung des Mitarbeiters nicht ohne weiteres möglich ist. Hierzu ist im Regelfall notwendig, daß der Arbeitgeber den Mitarbeiter abgemahnt hat. Dies folgt nach dem Grundsatz der Verhältnismäßigkeit, da der Arbeitgeber erst die ihm zumutbaren milderen

Mittel einsetzen muß, bevor das Arbeitsverhältnis durch eine Kündigung beendet wird. Falls die Abmahnung mündlich erfolgt, ist ein Kritikgespräch erforderlich, da die Abmahnung dem Mitarbeiter zur Kenntnis gegeben werden muß. In der Regel wird dem Vorgesetzten an einer langfristigen, produktiven und für beide Seiten befriedigenden Zusammenarbeit gelegen sein. Deshalb sollte er sich auf eine konstruktive und problemorientierte Aussprache vorbereiten, die die Probleme an der Wurzel faßt.

9.2 Berücksichtigung der Rahmenbedingungen

Bei der Vorbereitung sind vom Vorgesetzten einige Aspekte zu beachten, die für das Gesprächsergebnis von Bedeutung sind. Grundsätzlich gilt das Prinzip, keine Kritik ohne klaren Tatbestand. Dies besagt, daß Kritik nicht auf Informationen aus zweiter oder dritter Hand oder sogar auf Gerüchten aufbauen darf. Kritik muß grundsätzlich begründet sein. Sollte der Vorgesetzte sich auf bloße Vermutungen stützen, so hat er auf ein Kritikgespräch zu verzichten. Des weiteren hat der Vorgesetzte Bedingungen, die das Fehlverhalten gefördert haben zu berücksichtigen (z. B. unpräzise Anweisungen). Kritik setzt ein klares Erteilen von Aufgaben und eine korrekt gehandhabte Kontrolle zur Ermittlung der Ist-Zustände voraus. Es ist zu beachten, daß ein Kritikgespräch nicht in Gegenwart von Kollegen stattfinden sollte. Ansonsten würde beim Mitarbeiter Widerstand entstehen, da sein Verhaltensspielraum eingeengt wird. Eine konstruktive Gesprächsführung ist dann nicht mehr möglich. Der Mitarbeiter wäre in erster Linie beschäftigt, sich zu verteidigen, um sein Selbstbild aufrechtzuerhalten. Auch wenn die Durchführung von Kritikgesprächen als unangenehm und belastend empfunden wird, so gehört sie zu den Führungsaufgaben des Vorgesetzten. Vor der eigentlichen Gesprächsdurchführung ist seitens des Vorgesetzten genau zu überlegen, wann er das Gespräch führt. Bei schwerwiegendem Fehlverhalten sollte das Gespräch unmittelbar erfolgen, jedoch erst dann, wenn eine evtl. vorhandene Erregung bzw. Wut abgeklungen ist. Diese Wut muß sich im übrigen nicht zwingend auf das Fehlverhalten des Mitarbeiters richten, sondern kann auch aus dem privaten Bereich des Vorgesetzten kommen (Streit mit der Ehefrau, Ärger mit den Kindern usw.). Eine ruhige und sachliche Atmosphäre ist für eine fruchtbare Gesprächsführung wichtig.

9.3 Fehler in der Gesprächseröffnung

Die vielfach zu lesende Empfehlung, zu Beginn eines Gespräches für eine positive Atmosphäre zu sorgen, wird vielfach mißverstanden. Gerade beim Mitteilen von Nachrichten, die man für unangenehm hält, gibt es die verbreitete Unart, zunächst dem Gegenüber ein paar Nettigkeiten zu sagen, ehe der Knüppel aus dem Sack geholt wird. Eine positive Gesprächseröffnung bedeutet nicht, sich zunächst über die Gestaltung des letzten Wochenendes zu unterhalten oder erst die positiven Verhaltensweisen des Mitarbeiters zu betonen und dann zur Kritik überzugehen. Der Vorgesetzte sollte besser gleich den Anlaß und Zweck des Gespräches offenlegen. Der Mitarbeiter wäre eher verunsichert, wenn ihn der Vorgesetzte vorab loben würde. Auch die „Sandwich-Taktik" (das Umschließen einer Kritik von zwei Anerkennungen, damit die Kritik leichter angenommen wird) ist zu unterlassen, ebenso die „Ja-aber-Taktik" (*„Ich bin mit ihren Leistungen im großen und ganzen zufrieden, aber…"*). Sie werden vom Mitarbeiter leicht durchschaut und nur als Gerede des Vorgesetzten abgetan, da sie nur Vorspann zur nachfolgenden Kritik darstellen.

Es ist zu berücksichtigen, daß auch der Mitarbeiter bestimmte Erwartungen hat – sowohl allgemeiner als auch individueller Art. Die allgemeinen Erwartungen betreffen zum einen das Selbstwertgefühl (er möchte z. B. höflich und gerecht behandelt werden) und zum anderen die Arbeitsleistung (er möchte z. B. spüren, wie wichtig er für das Unternehmen ist). Diese Erwartungen sollte der Vorgesetzte weitgehend berücksichtigen –auch bei einem Kritikgespräch.

9.4 Gesprächsdurchführung

Nach der Gesprächseröffnung sollte der Kritisierende den Sachverhalt ruhig und sachlich darstellen und den Mitarbeiter zur Stellungnahme auffordern. Ironie ist bei der Darstellung unangebracht, schon deshalb, weil der Mitarbeiter nicht die Möglichkeit hat, mit gleicher Ironie zu antworten. Die Regeln der Fairneß wären somit verletzt und ein aufbauendes Gespräch nicht mehr möglich. Des weiteren ist es an dem Vorgesetzten, den Dialog zu fördern, d. h. er sollte seinen Redeanteil situationsgerecht dosieren. Gerade während der Stellungnahme des Mitarbeiters ist es wichtig, daß der Vorgesetzte aktiv zuhört.

Nach der Stellungnahme des Mitarbeiters erfolgt die Erörterung der Leistungsmängel. Sie umfaßt das Erfragen von Ursachen, das Erörtern der Fehlerbeseitigung und mögliche Folgen dieser Fehler für das Unternehmen. Der Vorgesetzte sollte sich darum bemühen, daß der Mitarbeiter seine Fehler selbst einsieht und nicht erst davon überzeugt werden muß. Außerdem wird der Mitarbeiter veranlaßt, die Gründe für sein Fehlverhalten zu analysieren. Nach der Entgegennahme der Entschuldigungsgründe des Mitarbeiters folgt die Kritik des Vorgesetzten. Bei dem Aussprechen der Kritik sollten folgende Aspekte berücksichtigt werden:

Schonend kritisieren

bedeutet, daß der Vorgesetzte den Mitarbeiter nicht übertrieben kritisieren soll. Außerdem sollten die Kritikpunkte nicht zu umfangreich sein, da der Mitarbeiter sich nicht alle Punkte merken kann und irgendwann „abschaltet". Das Kritikgespräch darf auch keinen „Rundumschlag" darstellen, damit beim Kritisierten nicht der Eindruck entsteht, es lohnt sich erst gar nicht mit einer Verbesserung im Verhalten anzufangen.

Konstruktiv kritisieren

meint, daß Kritik durch den Vorgesetzten nicht erfolgen sollte, ohne Verbesserungs- bzw. Lösungsvorschläge zu unterbreiten. Die reine Kritik hat lediglich Informationsfunktion. Sie reicht jedoch nicht aus, um beim Mitarbeiter eine Verhaltensänderung zu erreichen.

Sachlich kritisieren

meint, daß keine personen-, sondern nur sachbezogene Kritik geäußert wird. Kritik soll in ruhiger und nicht emotionaler Weise ausgesprochen werden.

Kritik enthält die klare Nennung der Konsequenzen für den Mitarbeiter. Nach dem Aussprechen der Kritik folgt die Planung der Leistungsverbesserung. Der Vorgesetzte befragt hierzu den Mitarbeiter und läßt sich deren Vorstellungen erörtern und nennt auch seine eigenen Erwartungen. Je nach Kritikpunkt, Gesprächsverlauf und Ergebnis einigt man sich auf Verbesserungsmaßnahmen. Wichtig ist, daß der Vorgesetzte und der Mitarbeiter künftiges Verhalten und künftige Leistungen eindeutig vereinbaren. Um Mißverständnisse zu vermeiden, hat der Vorgesetzte den Mitarbeiter auf zukünftige Kontrollen hinzuweisen. Nach diesen Phasen erfolgt eine Ergebniszusammenfassung und ein positiver Gesprächsabschluß. Die Ergebniszusammenfassung enthält das Wiederholen der beschlossenen Vereinbarungen und Zielsetzungen. Der Gesprächsabschluß hingegen besteht aus dem Aussprechen des Vertrauens und der Zuversicht auf gute künftige Zusammenarbeit bzw. dem Ansporn, es in Zukunft besser zu machen.

9.5 Konsequenzen des Gespräches

Die Auswertung des Kritikgespräches durch den Vorgesetzten ist abhängig von der Schwere des Fehlverhaltens und vom Verlauf bzw. Ergebnis des Gespräches. Bei leichtem Fehlverhalten kann vom Vorgesetzten eine Gesprächsnotiz angefertigt werden, die die Basis für evtl. weitere Kritikgespräche bildet. In schwerwiegenden oder wiederholten Fällen hat der Vorgesetzte die Möglichkeit, eine Abmahnung während des Gespräches mündlich auszusprechen. Falls diese auch Dokumentationsfunktion bekommen soll, ist sie schriftlich zu erteilen. Dieser Abmahnung käme sowohl eine Hinweis-, Ermahnungs- als auch Warnfunktion zu. Die Abmahnung ist der Personalabteilung für die Personalakte des Mitarbeiters zu übergeben. Haben sich die Gesprächspartner im Kritikgespräch auf eine interne Fortbildungsmaßnahme geeinigt, so sollte der Vorgesetzte die Teilnahme des Mitarbeiters veranlassen. Des weiteren sollte der Vorgesetzte Kontrollen zum vereinbarten Zeitpunkt veranlassen, um festzustellen, ob die vereinbarten Maßnahmen zwischen den Gesprächspartnern erfolgreich sind. Falls notwendig, sind neue Gesprächstermine zu vereinbaren. Eine persönliche Gesprächsauswertung sollte vorgenommen werden, da sie für weitere Gespräche mit dem Mitarbeiter dienlich ist.

9.6 Gesprächskonzept

Gesprächsvorbereitung
- Anlaß des Gespräches vor Augen führen
- Ist das Fehlverhalten schwerwiegend oder wiederholt vorgekommen?
- Beweismaterial für das Fehlverhalten zur Hand nehmen
- Äußere Rahmenbedingungen, die zum Fehlverhalten führten überdenken:
  - Unpräziser Auftrag
  - Überforderung des Mitarbeiters usw.
- Gespräch so früh wie möglich führen, aber erst nachdem eine Erregung abgeklungen ist
- Gespräch nach Möglichkeit ankündigen, damit sich der Mitarbeiter vorbereiten kann
- Für ungestörte Gesprächsatmosphäre sorgen

Gesprächsdurchführung

Eröffnung
- Mitarbeiter begrüßen
- In kurzer Form Kontakt auf der Beziehungsebene herstellen

Darstellung des Anlasses
- Ohne lange Vorreden den Anlaß des Gespräches ruhig und sachlich nennen und sich dabei möglichst kurz fassen

Kerngespräch
- Während des Gespräches achten auf:
  - Aktives Zuhören
  - Fragetechniken
  - Gesprächsstil
- Kritikwürdigen Sachverhalt begründen und möglichst mit Tatsachen belegen und somit dem Mitarbeiter zeigen, daß man sich nicht auf zweifelhafte Informationen verlassen hat

9.6 Gesprächskonzept

- Dem Mitarbeiter die Möglichkeit zur Stellungnahme geben bzw. dazu auffordern
- Ursachen für Fehlverhalten erfragen bzw. im Gespräch erforschen
- Unterschiedliche Auffassungen besprechen und nicht ohne Erörterung im Raum stehenlassen
- Auswirkungen des Fehlverhaltens auf das Unternehmen darstellen
- Entschuldigung des Mitarbeiters entgegennehmen
- Kritik/Tadel unmißverständlich aussprechen und Konsequenzen für den Mitarbeiter nennen
- Planung von Verbesserungen:
  - Vorstellung vom Mitarbeiter erfragen
  - Eigene Vorstellungen darlegen
  - Gemeinsam Fortbildungsmaßnahmen erörtern und festlegen
- Künftiges Verhalten präzise darlegen (Ziel-Operationalisierung)
- Hilfen anbieten
- Kontrollen vereinbaren

Abschluß
- Wesentliches des Gespräches zusammenfassen, damit keine Mißverständnisse aufkommen
- Dem Mitarbeiter Erfolg für die Fortbildungsmaßnahmen wünschen
- Gespräch positiv beenden

Gesprächsauswertung
- Gesprächsnotiz fertigen (als Basis für weitere Gespräche)
- falls erforderlich Abmahnung schreiben und an Personalabteilung senden
- Interne Fortbildungsmaßnahmen in die Wege leiten
- Vereinbarte Kontrollen durchführen
- Neue Gesprächstermine vereinbaren
- Persönliche Gesprächsauswertung vornehmen

9.7 Gesprächsbeispiel

Gesprächseröffnung
Vorgesetzter: „Guten Morgen, Frau Müller".
Mitarbeiterin: „Guten Morgen, Herr Lehmann".
Vorgesetzter: „Nehmen Sie doch bitte Platz.

Erläuterungen
Bei der Gesprächseröffnung wird der Kontakt auf der Beziehungsebene hergestellt. Dabei wird darauf geachtet, daß dieser Kontakt in möglichst kurzer Form zustandekommt. Bei einer höflichen Gesprächseröffnung wird das Selbstwertgefühl des Mitarbeiter berücksichtigt.

Darstellung des Gesprächsanlasses
Vorgesetzter: „Ich hatte Ihnen ja bereits bei der Gesprächsankündigung gesagt, worum es sich handelt. In letzter Zeit haben sich die Klagen über die Registratur der Rechnungsbelege gehäuft. Mehrere Kollegen, die diese Unterlagen zwecks weiterer Bearbeitung benötigten, mußten zu ihrer Auffindung extrem viel Zeit investieren, da die Unterlagen nicht dort abgelegt waren, wo sie eigentlich hingehören".

Erläuterung
Aus der Darstellung des Gesprächsanlasses geht hervor, daß der Mitarbeiterin bereits der Grund für dieses Gespräch bekannt ist. In dieser Phase wiederholt der Vorgesetzte in ruhiger und sachlicher Art mit wenigen Worten den Anlaß

Kerngespräch
Mitarbeiterin: „Also, das kann ich mir nun wirklich nicht vorstellen. Das Alphabet beherrsche ich ja wohl noch".
Vorgesetzter: „Das glaube ich Ihnen natürlich, Frau Müller. Ich konnte mich in den letzten Tagen jedoch selbst davon überzeugen, daß nicht alle Belege in alphabetischer Reihenfolge abgelegt waren. Erklären Sie mir doch mal bitte, wie Sie bei Ihrer Arbeit vorgehen".

9.7 Gesprächsbeispiel

Mitarbeiterin: „Also, zunächst sortiere ich alle Belege entsprechend ihrer Anfangsbuchstaben in einen Ordner vor. Und danach nehme ich die Belege der einzelnen Anfangsbuchstaben und sortiere diese in sich nochmals alphabetisch. Aber wissen Sie, wenn mich dabei immer wieder irgendwelche Kollegen mit anderen Aufgaben belästigen, dann läßt die Konzentration schon mal nach. Ich muß mich dann immer wieder einarbeiten".

Vorgesetzter: „Wenn ich Sie richtig verstehe, dann geben Ihnen Ihre Kollegen Arbeiten, die nicht zu Ihrem Aufgabengebiet gehören".

Mitarbeiterin: „Ja. Dann soll ich für den einen irgendwelche Kopien anfertigen oder für den anderen mal eben dringende Unterlagen in andere Abteilungen bringen usw."

Vorgesetzter: „Haben Sie diesen Kollegen denn schon einmal gesagt, daß dies nicht zu Ihrem Aufgabengebiet gehört und Sie Ihre eigentliche Arbeit nicht mehr ordnungsgemäß erledigen können?"

Mitarbeiterin: „Ach, wissen Sie, ob ich denen das sage oder nicht. Ich bin doch bloß in der Registratur und die sind doch Buchhalter. Und außerdem haben die doch auch so viel zu tun".

Vorgesetzter: „Können Sie sich vorstellen, Frau Müller, welche Folgen eine fehlerhafte Registratur hat?"

Mitarbeiterin: „Na ja, der Zeitaufwand für das Suchen nach Belegen, die falsch eingeordnet wurden, ist ziemlich hoch. In dieser Zeit könnten bestimmt andere wichtige Aufgaben erledigt werden".

Vorgesetzter: „Das ist richtig, Frau Müller. Ihre Aufgabe, die Registratur der Rechnungsbelege, ist für unser Unternehmen besonders wichtig. Sollte einer unser Geschäftspartner die Rechnungen einmal reklamieren, so müssen die Belege ohne langes Suchen aufzufinden sein. Andernfalls kann sich dies negativ auf unsere Geschäftsbeziehung mit anderen Unternehmen auswirken".

Mitarbeiterin: „Es tut mir wirklich leid, aber ich war mir der Wichtigkeit meiner Aufgabe nicht bewußt. Ich werde die Belege in Zukunft konzentrierter und ordnungsgemäß abheften, damit es keinen Anlaß mehr für Beschwerden gibt".

Vorgesetzter: „Ihren Arbeitskollegen Arbeiten abzunehmen, solange Sie Ihre eigentliche Hauptaufgabe nicht erledigt haben, war nicht richtig. Ich bitte Sie ab sofort auf die genaue alphabetische Ablage der Rechnungsbelege zu achten und keine anderen Aufgaben von Ihren Kollegen entgegenzunehmen. Ich denke, daß wir es in diesem Fall bei unserem Gespräch belassen können und es sich um einen einmaligen Zwischenfall handelt. Haben Sie eine Idee, wie wir die Registratur in einen ordnungsgemäßen Zustand bringen können?"

Mitarbeiterin: „Da im Augenblick nicht allzuviel neue Rechnungen abzulegen sind, könnte ich die Ordner nochmals durchsehen und neu sortieren. Ich denke, daß ich das bis Ende nächster Woche geschafft haben werde".

Vorgesetzter: „Gut, Frau Müller. Dann machen Sie das. Ich werde mich in der darauffolgenden Woche bei Ihnen melden, um mich vom ordnungsgemäßen Zustand der Registratur zu überzeugen. Außerdem werde ich mich mit den Buchhaltern in Verbindung setzen, damit Sie zukünftig nicht mehr mit anderen Arbeiten beauftragt werden und sich somit voll auf Ihre Hauptaufgabe konzentrieren können."

Erläuterung

Nachdem die Mitarbeiterin anfänglich versucht einen Fehler von sich zu weisen, läßt sie der Vorgesetzte wissen, daß er sich von dem Fehler selbst überzeugt hat. Er gibt zu erkennen, daß er sich nicht auf Informationen aus zweiter Hand verläßt. Um das Fehlverhalten der Mitarbeiterin zu erforschen, läßt er sich die Vorgehensweise der Mitarbeiterin bei ihrer Arbeitstätigkeit erklären. Der Vorgesetzte wendet die Technik des aktiven Zuhörens an und stellt zu den Ausführungen der Mitarbeiterin eine klärende Frage. Diese führt zu der Erkenntnis, daß die Mitarbeiterin mit Aufgaben, die nicht zu ihrem Aufgabengebiet gehören, von ihren Kollegen beschäftigt wird. Durch eine weiterführende Frage, möchte sich der Vorgesetzte vergewissern, ob die Mitarbeiterin versucht hat, Abhilfe zu schaffen. Die anschließende Aussage der Mitarbeiterin wird vom Vorgesetzten mit dem sogenannten „Selbstoffenbarungsohr" aufgenommen. Er versucht somit die Mitarbeiterin zu verstehen und Hintergründe der Aussage zu analysieren, um ihr helfen zu können. Mit der Frage nach den Auswirkungen des Fehlverhaltens auf das Unternehmen, veranlaßt er die Mitarbeiterin ihr Fehlverhalten einzusehen, ohne daß er sie davon überzeugen muß. Seine Ausführungen zu den Aufgaben der Mitarbeiterin zielen auf die Erwartungen betreffend der

Arbeitsleistung ab, indem er die Wichtigkeit ihrer Arbeit erörtert. Damit hilft er der Mitarbeiterin, sich gegenüber den Kollegen der Buchhaltung nicht mehr so „klein" zu fühlen. Er greift somit die Hintergründe der Nachricht, die er mit dem „Selbstoffenbarungsohr" aufgenommen hat auf und hilft der Mitarbeiterin, zu sich selbst zu finden. Nach der Entgegennahme der Entschuldigung der Mitarbeiterin, übt der Vorgesetzte klar und unmißverständlich Kritik. Im Anschluß legt er das zukünftige Verhalten der Mitarbeiterin eindeutig fest und teilt ihr die Konsequenzen des Gespräches mit. Dies ist erforderlich, damit die Mitarbeiterin nicht im Unklaren gelassen wird. Der Vorgesetzte läßt die Mitarbeiterin an der Planung der Zielsetzung zur Wiederherstellung einer ordnungsgemäßen Registratur teilhaben, indem er ihre Vorstellungen erfragt. Um die Korrektur des Fehlverhaltens zu überprüfen, kündigt der Vorgesetzte Kontrollmaßnahmen an. Um zukünftig ein derartiges Fehlverhalten weitgehend auszuschließen, teilt er der Mitarbeiterin mit, daß auch ein klärendes Gespräch mit den Buchhaltern stattfindet.

Gesprächsabschluß
Vorgesetzter: „Ich bedanke mich bei Ihnen für die offene Aussprache und wünsche Ihnen gutes Gelingen. Auf Wiedersehen".
Mitarbeiterin: „Auf Wiedersehen".

Erläuterung
Das Gespräch wird in positiver Weise beendet, indem der Vorgesetzte der Mitarbeiterin gutes Gelingen wünscht. Dieser positive Gesprächsabschluß ist wichtig, da er Ausgangspunkt für weitere Gespräche bilden kann.

10. Mitarbeitergespräch

10.1 Vorbereitung unter Berücksichtigung des Gesprächsstils

Das Mitarbeitergespräch dient der persönlichen Aussprache zwischen Vorgesetztem und Mitarbeiter, in der der Mitarbeiter frei seine Meinung und Einstellung äußern sollte. Diese Meinungsäußerung kann sich auf das ganze Unternehmen, die Arbeit oder auf sonstige betriebliche Angelegenheiten beziehen. Das Gespräch will ebenso auf Entwicklungen vorbereiten und motivieren. Es findet ein Austausch von Gedanken, Meinungen und Informationen statt.

Informationen in der betrieblichen Hierarchie werden demnach nicht nur von oben nach unten, sondern auch von unten nach oben gegeben.

Da der Vorgesetzte an der Meinung und Einstellung des Mitarbeiters interessiert sein wird, ist die Wahl des Gesprächsstils wichtig. Der mitarbeiterzentrierte oder auch -orientierte Gesprächsstil bietet sich für das Mitarbeitergespräch an, da die Einstellung der Mitarbeiter besser verstanden wird, wenn man sie frei reden läßt als wenn der Vorgesetzte gezielt Fragen stellt. Bei der mitarbeiterzentrierten Gesprächsführung ist folgendes zu berücksichtigen:

- der Vorgesetzte sollte dem Mitarbeiter geduldig, aber prüfend zuhören.
- der Vorgesetzte sollte die hierarchischen Positionen nicht betonen.
- der Vorgesetzte sollte moralische Ermahnungen und Ratschläge unterlassen.
- es sollte kein Streit zwischen Vorgesetztem und Mitarbeiter stattfinden.
- der Vorgesetzte sollte nur unter bestimmten Bedingungen sprechen, z. B. um den Mitarbeiter zum Weiterreden zu veranlassen, um Befürchtungen und Ängste abzubauen, um den Mitarbeiter für seine Offenheit zu loben und um vernachlässigte Themen anzusprechen.

Dieser Gesprächsstil setzt voraus, daß sich beide Gesprächspartner gleichberechtigt fühlen und der Mitarbeiter Vertrauen in die Person des Vorgesetzten hat. Da die freie Meinungsäußerung des Mitarbeiters unter Berücksichtigung des nicht-lenkenden Gesprächsstils sehr zeitintensiv ist, sollte für das Gespräch ausreichend Zeit eingeplant werden. Des weiteren setzt das Mitarbeitergespräch eine Äußerungswilligkeit des Mitarbeiters voraus.

Da der Mitarbeiter sich nur dann frei äußern wird, wenn er sichergehen kann, daß dem Vorgesetzten tatsächlich an seiner Meinung gelegen ist, sollte der Vorgesetzte auf eine ungestörte und positive Gesprächsatmosphäre achten. Andernfalls kann es leicht zu Störungen auf der Beziehungsebene kommen, mit der Folge, daß sich der Mitarbeiter abgelehnt fühlt.

Ein gesprächsförderndes Klima auf der Beziehungsebene setzt folgendes voraus:

- dem Gesprächspartner aufrichtig zu begegnen und Interesse zu zeigen. Das Verhalten darf nicht aufgesetzt wirken.
- die Fähigkeit des Vorgesetzten, sich in die Person des Mitarbeiters zu versetzen und seine Gefühle und deren Bedeutung zu erspüren. Dies bedeutet nicht, daß der Vorgesetzte gleichzeitig das Verhalten des Mitarbeiters akzeptiert, sondern sich lediglich damit auscinandersctzt.
- dem Gesprächspartner Wertschätzung entgegenbringen. Das bedeutet auch, daß der Vorgesetzte sich dem Mitarbeiter positiv zuwendet und ihn als Person akzeptiert.

Sollte der Vorgesetzte diese Punkte berücksichtigen, so wird eine angenehme Gesprächsatmosphäre entstehen, da das Verhalten des Mitarbeiters lediglich eine Reaktion auf das Verhalten des Vorgesetzten ist.

Das bereits erwähnte Analyseinstrument Johari-Fenster sollte unbedingt im Gespräch Berücksichtigung finden.

10.2 Auswertung des Gespräches

Bei der Auswertung des Mitarbeitergespräches sollte die persönliche Auswertung an erster Stelle stehen. Sollte die Gesprächsdurchführung Mängel enthalten haben, so sind diese bei weiteren Gesprächen zu berücksichtigen bzw. zu beseitigen. Diese Gesprächsanalyse trägt bei weiteren Gesprächen zur positiven Atmosphäre bei und führt beim Mitarbeiter zu größerer Offenheit. Wenn der Vorgesetzte die Meinung und Einstellung eines Mitarbeiters in Erfahrung gebracht hat, sollte er sich entweder bemühen diese Informationen im Arbeitsablauf einzuarbeiten bzw., wenn sie sich nicht einarbeiten lassen, dem Mitarbeiter dies zu begründen. Keinesfalls sollte der Vorgesetzte die erhaltenen Informationen unbegründet verwerfen. Der Mitarbeiter wird sich im Wiederholungsfall überlegen, ob er weiterhin Informationen gibt, da sie zu keinen spürbaren Ergebnissen führen. Sollten nützliche Vorschläge zu Veränderungen führen, so wird der Mitarbeiter in seinem Selbstwertgefühl bestärkt, da er zu der Zielerreichung wesentlich beigetragen hat. In jedem Fall wird der Mitarbeiter motiviert, weiterhin seine Meinung und Einstellung preis zu geben.

Sollte der Vorgesetzte Informationen an den Mitarbeiter gegeben haben, so hat er zu entscheiden, ob diese Informationen zu einem späteren Zeitpunkt ergänzt werden können. Denkbar ist dies, wenn der Vorgesetzte sich seinerseits fehlende Information (z. B. bei seinem Vorgesetzten) beschaffen muß.

10.3 Gesprächskonzept

Gesprächsvorbereitung
- Gesprächsziel vor Augen führen
- Psychologische Gesprächsvorbereitung vornehmen und auf den Mitarbeiter „einstimmen"
- Gesprächstermin mit Mitarbeiter vereinbaren
- Für ungestörte Gesprächsatmosphäre sorgen

Gesprächsdurchführung

Eröffnung
- Mitarbeiter begrüßen
- Kontakt auf der Beziehungsebene herstellen
- Auf non-verbale Verhaltensweisen achten

Darstellung des Anlasses
- Gesprächsanlaß nennen

Kerngespräch
- Meinung und Einstellung des Mitarbeiters erfragen. Dabei:
  - Mitarbeiterzentrierten Gesprächsstil anwenden
  - Aktiv zuhören
  - Fragetechniken beachten
  - Den Dialog fördern
  - Die Meinung und Einstellung des Mitarbeiters akzeptieren
  - Das Selbstwertgefühl des Mitarbeiters berücksichtigen
- Selbst Informationen geben und dabei:
  - Empfängerorientiert kommunizieren
  - Ständig Feedback vermitteln und empfangen

Abschluß
- Dem Mitarbeiter für die Offenheit danken
- Gespräch positiv beenden

Gesprächsauswertung
- Persönliche Gesprächsauswertung vornehmen
- Persönliche Verhaltensänderungen in Erwägung ziehen
- Überlegen, ob Informationen des Mitarbeiters im Arbeitsablauf berücksichtigt werden können
  - Falls dies der Fall ist: Neuerungen in die Wege leiten
  - Falls dies nicht der Fall ist: dem Mitarbeiter die Gründe nennen
- Falls notwendig, neue Gespräche planen

10.4 Gesprächsbeispiel

Gesprächseröffnung
Vorgesetzter: „Guten Morgen, Frau Müller. Nehmen Sie doch bitte Platz".
Mitarbeiterin: „Guten Morgen, Herr Lehmann".

Erläuterungen
Der Vorgesetzte ist bemüht, zu Beginn des Gespräches eine positive Gesprächsatmosphäre herzustellen, indem er die Mitarbeiterin

mit Namen begrüßt. Er berücksichtigt außerdem die allgemeinen Erwartungen bezüglich des Selbstwertgefühls der Mitarbeiterin, indem er ihr höflich einen Sitzplatz anbietet. In dieser Phase ist auch auf die non-verbalen Verhaltensweisen zu achten.

Darstellung des Gesprächsanlasses
Vorgesetzter: „Ich habe Sie zu mir gebeten, da ich an Ihrer Meinung interessiert bin. Wie Sie sicherlich wissen, werden in unserem Unternehmen bereits in einigen Abteilungen in den Vorzimmern Personalcomputer eingesetzt. Da sich dieser Einsatz als erfolgreich erwiesen hat, überlegen wir nun, ob wir auch in Ihrem Arbeitsbereich, meinem Vorzimmer, einen solchen Personalcomputer einsetzen sollten. Wie denken Sie denn darüber?"

Erläuterung
Im Anschluß an die Gesprächseröffnung stellt der Vorgesetzte den Anlaß des Gespräches dar. Mit seiner Formulierung beachtet er die Erwartungen der Mitarbeiterin, die ihre Arbeitsleistung betreffen. Er erklärt ihr mit dieser Formulierung, daß er sie angemessen am Gespräch beteiligen wird und ernsthaft an ihrer Meinung interessiert ist. Im folgenden stellt er den Sachverhalt dar und fordert die Mitarbeiterin mit einer offenen Frage auf, ihre Meinung zu äußern.

Kerngespräch
Mitarbeiterin: „Ja, wissen Sie, ich komme mit meiner Schreibmaschine doch sehr gut zurecht und soweit ich weiß, gab es noch nie einen Grund zur Beanstandung".

Vorgesetzter: „Nein, da haben Sie Recht, Frau Müller. Mit Ihrer Arbeit bin ich nach wie vor sehr zufrieden. Sie müßten aber bitte eines berücksichtigen – da wir unser Unternehmen nach außen repräsentieren und der Konkurrenzdruck enorm gestiegen ist, werden wir nicht umhinkommen, unsere Schreiben zukünftig mit Grafiken, Tabellen und dergleichen zu visualisieren. Mit Ihrer Schreibmaschine werden Sie da erhebliche Probleme bekommen".

Mitarbeiterin: „Na ja, da haben Sie natürlich Recht. Aber ich kenne mich mit solchen Dingern doch gar nicht aus. Und das lernt man doch nicht von heute auf morgen".

Vorgesetzter: „Nein, das sicherlich nicht. Aber wir haben uns natürlich auch darüber Gedanken gemacht. Die Abteilungen, die bereits einen Personalcomputer eingesetzt haben, haben ihre Mitarbeiter zu einem externen Einführungskurs geschickt. Dieser Kurs geht über eine Woche und kann durch einen weiteren einwöchigen Kurs ergänzt werden. Die Mitarbeiter, die diese Kurse besucht haben, waren damit sehr zufrieden. Ich denke, daß auch Sie diese Kurse besuchen könnten, um sich die erforderlichen Kenntnisse anzueignen".

Mitarbeiterin: „Das klingt ja gut. Aber was lernt man denn bei diesen Kursen genau?"

Vorgesetzter: „Nun, zum einen handelt es sich um die erforderlichen Kenntnisse in dem Bereich Textverarbeitung. Hierbei speziell das Textverarbeitungsprogramm „Word für Windows". Und zum anderen um Tabellenkalkulationsprogramme. Ich denke, wenn Sie die beiden Sachen beherrschen, dann reicht das voll und ganz aus".

Mitarbeiterin: „Aha, aber wenn Sie sagen, daß diese Kurse jeweils eine Woche gehen, wer macht dann zwischenzeitlich meine Arbeit? Bleibt die dann wieder liegen, bis ich wiederkomme oder sind das etwa Abendkurse?"

Vorgesetzter: „Nein, Frau Müller. Das sind externe Tageskurse über täglich acht Stunden. Und für eine Vertretung wird dann auch gesorgt. Während dieser zwei Wochen würde Sie dann die Frau Schulze vertreten, so daß Sie keine Befürchtungen haben brauchen, daß Ihre Arbeit liegenbleibt".

Mitarbeiterin: „Ja, wenn das so ist, dann haben Sie mich jetzt richtig neugierig auf diesen Personalcomputer gemacht. Dann hat ja wohl meine gute alte Schreibmaschine ausgedient. Wann würden denn die Kurse stattfinden?"

Vorgesetzter: „Nun, da müßten wir uns mal mit der Schulungsfirma auseinandersetzen, aber ich denke, daß wir es bereits im nächsten Monat durchführen können. Ich freue mich, daß ich Sie neugierig machen konnte. Dann schlage ich vor, setze ich mich mit Frau Schulze in Verbindung und frage nach, wann sie Sie vertreten kann und Sie setzen sich mit der Schulungsfirma in Verbindung und fragen einmal, wann wir einen Termin bekommen können, damit wir mit der Urlaubsplanung nicht kollidieren".

Mitarbeiterin: „Ja, das mache ich gerne. Ich freue mich schon richtig darauf.

10.4 Gesprächsbeispiel

Erläuterung

Die Mitarbeiterin geht zunächst in eine Abwehrhaltung und interpretiert das Vorhaben so, als sei der Vorgesetzte nicht mit ihrer Arbeit zufrieden. Sie hat die Aussage des Vorgesetzten mit dem sogenannten „Beziehungsohr" aufgenommen und fühlt sich persönlich angegriffen. Der Vorgesetzte stellt dies jedoch sofort richtig und bestärkt sie wiederum in ihrer Arbeitsleistung. Er konkretisiert das Vorhaben anhand eines Beispiels und stellt dabei hervor, daß die bisherigen Arbeitsmittel zukünftig nicht mehr den Anforderungen genügen. Die Mitarbeiterin erkennt das Problem, äußert jedoch Befürchtungen, die sie persönlich betreffen. Diese greift der Vorgesetzte auf und kann sie dahingehend beruhigen, da ein umfangreicher Einführungskurs vorgesehen ist. Der Vorgesetzte kann diesbezüglich ausreichende Informationen geben und kann somit auf anstehende Veränderungen vorbereiten und Befürchtungen beseitigen.

Nachdem die Mitarbeiterin die Notwendigkeit der Einführung eines Personalcomputers eingesehen hat, äußert sie weitere Befürchtungen bezüglich der Durchführung und der Arbeitsplatzvertretung. Dank einer guten Vorbereitung des Vorgesetzten kann er auch diese Befürchtungen sogleich beseitigen. Durch das Eingehen auf die Mitarbeiterin und ihrer Befürchtungen, der guten Vorbereitung und der positiven Gesprächsatmosphäre ist es dem Vorgesetzten gelungen, auf bevorstehende Entwicklungen vorzubereiten, Ängste abzubauen und die Mitarbeiterin intrinsisch zu motivieren. Um die Mitarbeiterin weiterhin an der Zielerreichung zu beteiligen, bittet er sie, sich selbst mit der Schulungsfirma in Verbindung zu setzen und einen Termin zu vereinbaren.

Gesprächsabschluß

Vorgesetzter: „Gut, Frau Müller. Dann verbleiben wir so. Und Sie geben mir bitte Bescheid, wenn Sie mit der Firma gesprochen haben. Hier ist im übrigen der Name und die Telefonnummer der Schulungsfirma".
Mitarbeiterin: „Das mache ich".
Vorgesetzter: „Vielen Dank, Frau Müller. Auf Wiedersehen".
Mitarbeiterin: „Auf Wiedersehen".

10. Mitarbeitergespräch

Erläuterung

Das Gespräch wird in freundlicher, positiver Atmosphäre beendet. Der Vorgesetzte bedankt sich für das Gespräch und trägt somit dazu bei, daß auch weitere Gespräche in einer solchen Atmosphäre erfolgen können, da das Ende des einen Gespräches oftmals Ausgangspunkt für weitere Gespräche ist.

11. Dienst- oder Arbeitsgespräch

11.1 Rechtliche Grundlage und Arten von Weisungen

Der Arbeitsvertrag des Mitarbeiters enthält meist nur die Art und den Umfang der Arbeit, aber keine Einzelheiten über die zu erbringende Leistung. Aus diesem Grund ist der Vorgesetzte über das Weisungs-, Direktions- oder Leitungsrecht befugt, hinsichtlich der konkreten Ausführung der Arbeit, Weisungen zu erteilen. Rechtsgrundlage bildet der § 121 Gewerbeordnung: „Gesellen und Gehilfen sind verpflichtet, den Anordnungen der Arbeitgeber in Beziehung auf die ihnen übertragenen Arbeiten und die häuslichen Einrichtungen Folge zu leisten; zu häuslichen Arbeiten sind sie nicht verbunden". Das Weisungsrecht hat sich im Rahmen der Gesetze, Kollektivvereinbarungen und des Arbeitsvertrages zu halten.
Der Vorgesetzte hat sich während der Gesprächsvorbereitung über das Ziel der Weisung im klaren zu sein, nicht zuletzt wegen der damit verbundenen Informationsweitergabe. Zu unterscheiden sind unter anderem die folgenden Formen der Weisung:

Anweisung
Die Anweisung gibt eine bestimmte Arbeitsmethode vor. Eine Anweisung kann z. B. im Rahmen einer Anlernphase gegeben werden bzw. beim Übertragen von Arbeiten, die nicht im Rahmen der üblichen Tätigkeiten des Mitarbeiters liegen. Sie sollte möglichst in knapper Sprache, verständlich und eindeutig gegeben werden. Sollten Anweisungen in Form von Richtlinien oder Daueranordnungen gegeben werden, handelt es sich um Dienstanweisungen. Die Anweisung sollte auf jeden Fall die folgenden Fragen beantworten:
- Wer soll die Anweisung ausführen?
- Was soll ausgeführt werden?
- Wann soll die Anweisung ausgeführt werden?
- Wo soll die Anweisung ausgeführt werden?
- Wie soll die Anweisung ausgeführt werden?

- Womit soll die Anweisung ausgeführt werden?
- Warum soll die Anweisung ausgeführt werden?

Der Vorgesetzte sollte sich während der Anweisung durch Rückfragen davon überzeugen, daß der Mitarbeiter ihn verstanden hat, und daß er die Anweisung auch ausführen kann. Wichtige Daten sind dem Mitarbeiter schriftlich zu überreichen.

Auftrag

Der Auftrag veranlaßt einen Mitarbeiter eine bestimmte Aufgabe auszuführen, die im Rahmen seiner üblichen Tätigkeit liegt. Aus diesem Grund kann regelmäßig auf Antworten auf die Fragen nach dem wie und warum verzichtet werden. Der Vorgesetzte gibt dem Mitarbeiter lediglich den Rahmen vor, innerhalb dessen der Auftrag auszuführen ist.

Mitzuteilen bleiben die Antworten auf die Fragen:
- Wer (evtl. mit wem) soll den Auftrag ausführen?
- Was soll ausgeführt werden?
- Bis wann soll der Auftrag ausgeführt werden?
- Wo soll der Auftrag ausgeführt werden?
- Womit soll der Auftrag ausgeführt werden?

Ratsam ist es, bestimmte Daten bei der Auftragserteilung schriftlich zu überreichen, insbesondere Zahlenangaben, Termine usw.

Ziel des Dienst- oder Arbeitsgespräches ist die Erteilung von Anweisungen und Aufträgen. Des weiteren informiert der Vorgesetzte einzelne Mitarbeiter über dienstliche Entscheidungen und stimmt sich mit ihnen über betriebliche Arbeitsprozesse ab.

11.2 Vorbereitung der Auftragserteilung

Im folgenden wird sich auf die Auftragserteilung konzentriert, da sie in der betrieblichen Praxis häufiger vorkommt als die Anweisung und somit den betrieblichen Alltag kennzeichnet. Beabsichtigt der Vorgesetzte einem Mitarbeiter einen Auftrag zu erteilen, so hat er verschiedene Aspekte in die Vorbereitung einzubeziehen. Bei der Auswahl des Mitarbeiters, der einen bestimmten Auftrag ausführen soll, ist auf dessen Erfahrung, Belastbarkeit und Leistungsfähigkeit zu achten. Handelt es sich um einen umfangreichen und/oder kom-

11.2 Vorbereitung der Auftragserteilung

plizierten Auftrag, so ist ein erfahrener und dienstälterer Mitarbeiter auszuwählen. Kleinere Aufträge hingegen können unter Umständen neueren Mitarbeitern mit weniger Diensterfahrung erteilt werden. Sollte eine Zusammenarbeit mit anderen Kollegen notwendig sein, so ist dies bei der Auftragserteilung anzugeben. Wenn dem Mitarbeiter bereits Aufträge erteilt wurden, hat der Vorgesetzte dies zu berücksichtigen bzw. mit dem betreffenden Mitarbeiter abzuklären. Evtl. ist eine parallele Ausführung der Aufträge möglich. Um bei der Auftragserteilung besseres Verständnis bei dem Mitarbeiter zu erreichen, kann es sinnvoll sein, ihm den globalen Auftrag darzustellen. Der Vorgesetzte hat zu überlegen wie dies geschehen kann, wobei z. B. eine Darstellung anhand von Skizzen möglich ist. Da der selbständig arbeitende Mitarbeiter im Regelfall weiß, warum eine bestimmte Arbeit auszuführen ist, braucht der Vorgesetzte ihm auch den Termin, wann er die Arbeit auszuführen hat nicht mitzuteilen. Lediglich die Angabe bis wann der Auftrag erledigt sein muß, ist vom Vorgesetzten bekanntzugeben. Die Terminbekanntgabe hat unter Berücksichtigung der Leistungsfähigkeit und Erfahrung des Mitarbeiters sowie anderen wichtigen Rahmenbedingungen zu erfolgen (z. B. weitere Aufträge des Mitarbeiters, dem Bereitstehen von Hilfsmittel, Arbeitsmitteln usw.). Sollte der Mitarbeiter einen Auftrag nicht an seinem sonstigen Arbeitsplatz ausführen können oder handelt es sich um einen Außendienstmitarbeiter, so ist ihm mitzuteilen, wo er den Auftrag auszuführen hat. Die Frage nach dem womit richtet sich insbesondere auf die Finanzmittel, Hilfsmittel und Materialien, die eingesetzt werden bzw. zur Verfügung stehen. Sollten zur Auftragserteilung bestimmte Angaben (Zahlenangaben, Datenmaterial usw.) notwendig sein, so ist vom Vorgesetzten zu entscheiden, ob diese dem Mitarbeiter besser schriftlich mitgereicht werden. Nur in Ausnahmefällen (falls dies notwendig erscheint) gibt der Vorgesetzte dem Mitarbeiter Auskunft über die Arbeitsmethode und den Grund der Durchführung einer Arbeit. Im Regelfall entfällt die Angabe und unterscheidet die Anweisung vom Auftrag.

11.3 Beauftragung des Mitarbeiters und Nachbearbeitung des Gespräches

Die Gesprächsdurchführung kann sowohl im Büro des Vorgesetzten als auch am Arbeitsplatz des Mitarbeiters erfolgen. Diese Entscheidung ist individuell zu treffen und hängt insbesondere vom Umfang der Auftragserteilung und von den vorbereiteten Zusatzinformationen (Pläne, Skizzen usw.) ab. Die Gesprächseröffnung besteht aus der Begrüßung und der Nennung des Gesprächsanlasses. Dabei wird in kurzer Form der Kontakt auf der Beziehungsebene hergestellt (Lächeln, Händeschütteln usw.). Im Anschluß folgt die Auftragsformulierung, wobei sicherzustellen ist, daß der Mitarbeiter nicht mit anderen Dingen beschäftigt ist und nur mit „halbem Ohr" zuhört. Die Beauftragung hat verständlich, eindeutig, vollständig und präzise zu erfolgen. Weiterhin ist zu berücksichtigen, daß bei der Auftragserteilung nur Notwendiges gesagt wird, damit der Mitarbeiter nicht mit unnötigen Informationen belastet wird (also im wesentlichen nur mit den Informationen der obengenannten fünf Fragen). Um eine korrekte Auftragsausführung zu erreichen, ist der Vorgesetzte gut beraten, wenn er den Mitarbeiter zu Äußerungen bzw. Fragen anregt. Weiterhin kann der Vorgesetzte durch gezielte Rückfragen sicherstellen, ob der Auftrag auch richtig verstanden wurde bzw. ob weitere Informationen vonnöten sind. Da die Arbeiten im Rahmen der üblichen Tätigkeiten des Mitarbeiters fallen, ist es ratsam, wenn der Vorgesetzte Vorschläge und Anregungen des Mitarbeiters aufgreift. Sie können wertvolle Tips zur effizienten Ausführung des Auftrages enthalten, da sich der Mitarbeiter im Laufe seiner Berufstätigkeit bestimmte Fertigkeiten und Kenntnisse angeeignet hat. Falls es sich um einen neuen Mitarbeiter oder einen komplizierten Auftrag handelt, ist zu klären, ob der Mitarbeiter den Auftrag ohne weiteres erledigen kann oder ob evtl. Hilfen notwendig sind.

Wenn die klare Beauftragung erfolgt ist und Unklarheiten bzw. Probleme beseitigt wurden, sind mögliche Kontrollen zwischen den Gesprächspartnern zu vereinbaren. Sollte es sich bei dem Auftrag um tägliche Routinearbeit handeln, so kann auf Kontrollen verzichtet werden. Gegebenenfalls ist dem Mitarbeiter zu sagen, wem er die Auftragserledigung mitzuteilen hat. Dies ist angebracht, falls Folgearbeiten von anderen Mitarbeitern vorgenommen werden müssen. Das Gespräch sollte mit einem Dank an den Mitarbeiter und dem Wunsch für gutes Gelingen beendet werden.

Die Auswertung der Auftragserteilung wird individuell unterschiedlich sein. Bei der Beauftragung eines Mitarbeiters mit Routineaufgaben wird eine Auswertung bzw. Nachbearbeitung kaum notwendig sein. Bei umfangreicheren oder besonders wichtigen Aufträgen wird der Vorgesetzte die vereinbarten Kontrollen (sowohl Zwischen- als auch Endkontrollen) durchführen. Des weiteren hat er zugesagte Hilfen sicherzustellen und dem Mitarbeiter zukommen zu lassen. Sollte die Auftragserledigung längere Zeit dauern, so ist es ratsam, daß sich der Vorgesetzte eine Notiz fertigt, damit er dem Mitarbeiter erst nach der Erledigung weitere Aufträge erteilt. In Abhängigkeit vom ausführenden Mitarbeiter sollten vereinbarte Termine und die Mitteilung der Auftragserledigung vom Vorgesetzten überwacht werden. Der Vorgesetzte ist gut beraten, wenn er eine persönliche Gesprächsauswertung von Fall zu Fall vornimmt. Dies würde ihm helfen, die Individualität eines Mitarbeiters in nachfolgenden Gesprächen zu berücksichtigen.

11.4 Gesprächskonzept

Gesprächsvorbereitung
- Globalen Auftrag vor Augen führen
- Umfang und Wichtigkeit des Einzelauftrages bewußtmachen
- Überlegen, wer den Auftrag ausführen soll, unter Berücksichtigung:
  - Der Erfahrung
  - Der Leistungsfähigkeit
  - Der Belastbarkeit des Mitarbeiters
- Welche Aufträge hat der Mitarbeiter bereits erhalten?
- Welche Informationen braucht der Mitarbeiter zur Ausführung?
  - Arbeitsmittel
  - Hilfsmittel
  - Finanzmittel usw.
- Werden zusätzliche Informationen benötigt?
  - Pläne
  - Skizzen usw.

- Braucht der Mitarbeiter wichtige Informationen schriftlich, in Form eines Handzettels?
- Sind Folgearbeiten des Auftrages notwendig?
  – Wenn ja: wem soll die Erledigung mitgeteilt werden?

Beauftragung

Eröffnung
- Begrüßung des Mitarbeiters
- In kurzer Form Kontakt auf der Beziehungsebene herstellen

Darstellung des Anlasses
- Gesprächsanlaß nennen

Kerngespräch
- Aufmerksamkeit des Mitarbeiters sichern
- Auftrag mit kurzer Sprache, verständlich, eindeutig und präzise formulieren. Dabei folgende Informationen geben:
  – Wer soll mit wem den Auftrag ausführen?
  – Was soll ausgeführt werden?
  – Bis wann soll der Auftrag ausgeführt werden?
  – Wo soll der Auftrag ausgeführt werden?
  – Womit soll der Auftrag ausgeführt werden?
  falls notwendig:
  – Wie soll der Auftrag ausgeführt werden?
  – Warum soll der Auftrag ausgeführt werden?
- Den Mitarbeiter zu Rückfragen, Äußerungen und Vorschlägen anregen
- Selbst Rückfragen stellen, um sicherzugehen, daß der Auftrag verstanden wurde
- Dem Mitarbeiter Hilfen anbieten
- Dem Mitarbeiter sagen, wem er die Auftragserledigung mitteilen soll
- Kontrollen vereinbaren

Abschluß
- Wesentliches zusammenfassen
- Viel Erfolg wünschen und Gespräch positiv beenden

Gesprächsauswertung
- Vereinbarte Hilfen sicherstellen
- Vereinbarte Kontrollen durchführen
- Mitteilung der Auftragserledigung überwachen
- Persönliche Gesprächsauswertung vornehmen

11.5 Gesprächsbeispiel

Gesprächseröffnung
Vorgesetzter: „Guten Morgen, Herr Lehmann. Setzen Sie sich doch bitte".
Mitarbeiter: „Guten Morgen, Herr Müller".
Vorgesetzter: „Ich habe Sie zu mir gebeten, da ich für die folgende Aufgabe einen erfahrenen Mitarbeiter brauche. Es handelt sich um die Möbelauslieferung an Herrn Rudi Ratlos. Ich nehme an, daß Ihnen der Name bekannt ist".
Mitarbeiter: „Ja, soweit ich weiß ist Herr Ratlos einer unserer besten Kunden".

Erläuterungen
Der Vorgesetzte begrüßt den Mitarbeiter höflich und beachtet somit Erwartungen, die das Selbstwertgefühl des Mitarbeiters betreffen. Indem er die Erfahrung des Mitarbeiters anspricht, beachtet er Erwartungen, welche die Arbeitsleistung betreffen. Auf diese Weise stellt der Vorgesetzte mit wenigen Worten den Kontakt auf der Beziehungsebene her.

Darstellung des Gesprächsanlasses
Vorgesetzter: „So ist es, Herr Lehmann. Die Auslieferung wurde gestern vorgenommen. Leider gab es Gründe, die Herrn Ratlos zu einer Reklamation veranlaßten. Soweit ich dem gestrigen Telefonat mit Herrn Ratlos entnehmen konnte, handelt es sich um diverse Schäden am Wohnzimmerschrank."

Erläuterung
Der Gesprächsanlaß wird dargestellt, indem der Vorgesetzte dem Mitarbeiter mitteilt, daß es sich um eine Auslieferung mit nachfol-

gender Reklamation handelt. Auch hierbei faßt sich der Vorgesetzte kurz, um den Mitarbeiter nicht unnötig mit Informationen zu belasten."

Kerngespräch
Vorgesetzter: „Ich bitte Sie nun, als unseren Außendienstmitarbeiter, sich noch heute mit Herrn Ratlos in Verbindung zu setzen und einen Termin zu vereinbaren. Zu diesem Termin suchen Sie Herrn Ratlos dann in seiner Wohnung auf und nehmen alle Schäden schriftlich auf. Ich habe Sie für diesen Auftrag ausgewählt, da Sie aufgrund Ihrer langjährigen Erfahrung Herrn Ratlos sicherlich vor Ort sagen können, wie lange die Schadenbeseitigung dauern wird, welche Teile beim Hersteller bestellt werden müssen und welche Schäden wir selbst regulieren können. Ich habe Ihnen hier die Lieferpapiere mitgebracht, aus denen die Anschrift und Telefonnummer des Herrn Ratlos, der Hersteller der Ware und die detaillierte Aufstellung der ausgelieferten Ware hervorgeht.

Im Anschluß an den Besuch melden Sie sich bitte bei der Sachbearbeiterin Frau Schulze, damit diese sich mit dem Hersteller in Verbindung setzen und neue Teile bestellen kann. Haben Sie dazu noch Fragen oder habe ich Ihnen alle nötigen Informationen gegeben?"

Mitarbeiter: „Eine Frage habe ich noch zu der Schadenbeseitigung. Soll ich die vorhandenen Schäden nur schriftlich aufnehmen oder soll ich kleinere Schäden gleich vor Ort beseitigen, falls ich das nötige Material und Werkzeug dabei habe?"

Vorgesetzter: „Das ist eine gute Frage. Ich schlage vor, Sie halten die Schäden zunächst nur schriftlich fest. Sollten dann neue Teile beim Hersteller bestellt werden, warten wir ab, bis diese bei uns eintreffen, vereinbaren dann einen neuen Termin mit Herrn Ratlos und beseitigen alle Schäden an einem Tag. Ich denke, damit kommen wir auch dem Herrn Ratlos entgegen, da er sich nur einen Tag frei nehmen muß. Haben Sie sonst noch Fragen?"

Erläuterung
Die Aufmerksamkeit des Mitarbeiters wurde bereits in der Gesprächseröffnung sichergestellt. Der Vorgesetzte erteilt dem Mitarbeiter den Auftrag und gibt dabei folgende Informationen:

11.5 Gesprächsbeispiel

- wer: Herr Lehmann persönlich
- bis wann: am gleichen Tag (es wird ein Zeitrahmen gesetzt, da Herr Lehmann praktisch bis zu seinem Feierabend Zeit hat)
- was: Kunden anrufen; Termin vereinbaren; Kunden besuchen; Schäden schriftlich aufnehmen; Kunden über Schadenumfang und Dauer der Beseitigung Auskunft geben; Mitteilung an Frau Schulze geben
- wo: beim Kunden; Adresse und Telefonnummer gehen aus den Lieferpapieren hervor
- warum: es handelt sich um einen wichtigen Kunden

Um Mißverständnissen vorzubeugen, fordert der Vorgesetzte den Mitarbeiter zu Fragen auf. Die Frage des Mitarbeiters enthält gleichzeitig eine Anregung für die praktische Durchführung des Auftrages. Durch den Hinweis, daß es sich um eine gute Frage handelt, bringt der Vorgesetzte dem Mitarbeiter wiederum Wertschätzung entgegen. Die Antwort des Vorgesetzten konkretisiert den Auftrag und begründet die Entscheidung. Ohne Begründung könnte es zu Störungen auf der Beziehungsebene kommen.

Gesprächsabschluß

Mitarbeiter: „Nein. Ich werde Herrn Ratlos am besten gleich anrufen. Vielleicht kann ich ja heute noch vorbeifahren und anschließend Frau Schulze die Unterlagen bringen, um so schneller können wir die neuen Teile bestellen".

Vorgesetzter: „Ich danke Ihnen, Herr Lehmann. Auf Wiedersehen".

Mitarbeiter: „Auf Wiedersehen".

Erläuterung

Durch die Zusammenfassung des Auftrages vom Mitarbeiter erfährt der Vorgesetzte, daß sein Auftrag verstanden wurde. Auf eine Kontrolle der Auftragsausführung verzichtet der Vorgesetzte, da es sich um einen erfahrenen Mitarbeiter handelt. Das Gespräch wird positiv beendet.

12. Beurteilungsgespräch

12.1 Anlaß und rechtliche Grundlage

Ein Beurteilungsgespräch findet im Rahmen einer Personalbeurteilung statt. In den folgenden Ausführungen wird davon ausgegangen, daß das Beurteilungsgespräch dazu dient, dem Mitarbeiter die Ergebnisse der Beurteilung mitzuteilen und ihm die Möglichkeit gibt, Stellung zu nehmen. Das Gespräch kann mit Folgen für den Mitarbeiter verbunden sein. Hiervon zu unterscheiden sind die „Gespräche vor der Beurteilung" und die „Gespräche zur Beurteilung". Die Personalbeurteilung an sich hat verschiedene Zwecke (z. B. Beratung der Mitarbeiter; Verbesserung der Leistung in der aktuellen Position; Grundlage einer Auswahlentscheidung zur Beförderung, Versetzung usw.; Lohn- und Gehaltsdifferenzierung). Hentze weist auf die Probleme der Multifunktionalität des Beurteilungsgespräches hin und ergänzt: „Die sich daraus ergebenen widersprüchlichen Anforderungen an ein Gespräch zwischen Vorgesetztem und Mitarbeiter erfordern eine Unterteilung des Beurteilungsgesprächs in Bewertungs-, Entwicklungs- und Laufbahngespräch". Die Leistungsbeurteilung ist zeitlich von einem Gehaltsgespräch zu trennen, da der Mitarbeiter die Gehaltserhöhung vor Augen hat und somit versucht, seine Leistungen in einem besseren Licht darzustellen. Ein konstruktives Gespräch ist somit kaum möglich. Außerdem würde das Beurteilungsgespräch überladen, so daß es sinnvoller ist Teilziele zu erreichen (also erst das Bewertungs- und dann das Beförderungs- oder Entwicklungsgespräch). Eine Notwendigkeit zum Beurteilungsgespräch ergibt sich aus dem Betriebsverfassungsgesetz (BetrVG), in dem es im § 82 Abs. 2 heißt: „Der Arbeitnehmer kann verlangen, daß ihm die Berechnung und Zusammensetzung seines Arbeitsentgelts erläutert und daß mit ihm die Beurteilung seiner Leistung sowie die Möglichkeit seiner beruflichen Entwicklung im Betrieb erörtert werden. Er kann ein Mitglied des Betriebsrats hinzuziehen". Des weiteren heißt es im § 83 Abs. 1 und 2 BetrVG: „Der

Arbeitnehmer hat das Recht, in die über ihn geführten Personalakten Einsicht zu nehmen. Erklärungen des Arbeitnehmers zum Inhalt der Personalakte sind dieser auf sein Verlangen beizufügen".

Beurteilt werden soll das Leistungsergebnis sowie das Leistungs-, Führungs- und Sozialverhalten des Mitarbeiters. Das Bewertungsgespräch enthält einen Soll-Ist-Vergleich, also einen Vergleich zwischen der tatsächlichen Leistung des Mitarbeiters im Rahmen seiner Aufgaben und Befugnisse (Ist) und der gewünschten bzw. geforderten Leistung (Soll). Des weiteren kommt diesem Gespräch eine Feedback-Funktion zu, da eine Aussprache über Probleme und Ergebnisse sowie über Stärken und Schwächen erfolgt.

12.2 Vorbereitung des Gespräches

Zur Vorbereitung des Gespräches ist zunächst zu beachten, daß der Mitarbeiter rechtzeitig informiert wird. Dies sollte ca. zwei bis fünf Tage vor der Gesprächsdurchführung unter Angabe des Gesprächsgrundes erfolgen. Des weiteren sollte der Mitarbeiter mit der Gesprächsankündigung einen Beurteilungsbogen (falls ein solcher zur Beurteilung benutzt wird) mit Erläuterungen erhalten, um sich selbst einzuschätzen. Wie bereits erwähnt kann der Mitarbeiter ein Betriebsratsmitglied hinzuziehen. Der Vorgesetzte hat dafür zu sorgen, daß entsprechende ungestörte Räumlichkeiten zur Verfügung stehen und daß das Gespräch ohne Zeitdruck durchgeführt werden kann. Da die eigentliche Beurteilung vor dem Gespräch durchgeführt wurde, sollte der Vorgesetzte alle relevanten Unterlagen, die zu dem Beurteilungsergebnis geführt haben, vorbereiten und im Gespräch griffbereit haben. Nur so kann er jede Entscheidung sachlich und präzise begründen. Er darf nur Beweismaterial verwenden, das abgesichert ist oder auf eigenen Beobachtungen beruht. Auf diese Weise wird verhindert, daß der Vorgesetzte sein Urteil emotional fällt, anstatt es rational zu begründen. Eine wichtige Unterlage ist die Stellenbeschreibung. Sie dient dem Vorgesetzten festzustellen, welche Aufgaben, Kompetenzen und Verantwortlichkeiten der zu beurteilende Mitarbeiter hat und welche Anforderungen an ihn gestellt werden. Des weiteren sollte die Personalakte herangezogen werden, um mögliche Abmahnungen als Beweismittel zur Hand zu haben.

Auch Gesprächsnotizen des Vorgesetzten aus Kritik- oder Anerkennungsgesprächen können zum Beurteilungsgespräch herangezogen werden. Im Rahmen der psychologischen Gesprächsvorbereitung sollte sich der Vorgesetzte noch einmal mögliche Beurteilungsfehler bewußtmachen – auch wenn die eigentliche Beurteilung bereits durchgeführt wurde. Es kann ihm helfen, Fehler vor der Gesprächsdurchführung zu erkennen und gibt ihm Gelegenheit sein Urteil zu korrigieren.

Vor der Gesprächsdurchführung sollte der Vorgesetzte das Gespräch strukturieren. Auch wenn zur Beurteilung ein Beurteilungsbogen benutzt wurde, trägt dieser nicht zur Struktur bei. Wenn Formulare so angewendet werden, besteht die Gefahr, daß jede einzelne Beurteilung, die Sie durchführen, gleich strukturiert ist – unabhängig davon, ob ein Mitarbeiter ein gutes oder ein schlechtes Jahr hinter sich hat, oder sein Arbeitsbereich sich stark oder überhaupt nicht verändert hat. Dies kann aber nicht Sinn der Sache sein. Vielmehr muß sich die Gesprächsstruktur am Ziel orientieren, das Sie erreichen wollen. Nach der Vorbereitung, für die sich jeder Vorgesetzte aufgrund der besonderen Bedeutung der Beurteilung für den Mitarbeiter genügend Zeit nehmen sollte, folgt die eigentliche Gesprächsdurchführung.

12.3 Dialogische Gesprächsdurchführung

Zu beachten ist, daß es sich bei dem Beurteilungsgespräch um ein Beratungs- bzw. Informationsgespräch handelt und nicht um eine Urteilsverkündung. Ergänzend anzumerken ist, daß der Vorgesetzte nochmals den Anlaß, Erwartungen und Ziele des Gespräches nennt. Ebenso ist es ratsam dem Mitarbeiter die voraussichtliche Dauer des Gespräches zu nennen, um ihm zu zeigen, daß man sich ausreichend Zeit für das Beurteilungsgespräch genommen hat. Des weiteren sollte das Gespräch dialogisch, offen und angstfrei angelegt werden. Von einer Gesamtbeurteilung nach der Gesprächseröffnung, wie sie teilweise empfohlen wird, ist abzuraten. Dieses Pauschalurteil widerspricht dem Streben nach differenzierter Beurteilung. Der Vorgesetzte muß damit rechnen, daß der Mitarbeiter bei einem positiven Pauschalurteil an den folgenden Ausführungen weniger Interesse zeigt und ein negatives Pauschalurteil Widerstand beim Mitarbeiter auslöst. Empfehlenswert ist es, mit einer Beschreibung der Aufgaben und Verantwortlichkeiten in der zu beurteilenden Periode zu beginnen. Dies stellt sicher, daß darüber keine Meinungsverschiedenheiten vorliegen. Beginnen sollte der Vorgesetzte mit positiven Aspekten, die natürlich auch begründet werden müssen. Danach kann mit konstruktiver und sachlicher Kritik fortgefahren werden. Im folgendem sollte ein Wechsel zwischen Lob und Kritik stattfinden, damit nicht das eine oder andere geblockt auftritt. Während der Gesprächsdurchführung ist darauf zu achten, daß der Redeanteil des Vorgesetzten nicht überhand nimmt und ein Dialog stattfindet. Dieser kann unter anderem entstehen, indem der Vorgesetzte den Mitarbeiter auffordert eine Selbsteinschätzung vorzunehmen. Es hat gleichzeitig den Vorteil, daß der Mitarbeiter mögliche Leistungsmängel bzw. Verhaltensschwachpunkte selbst erkennt (dies ist jedoch nicht zu verwechseln mit Selbstkritik!). Ebenso kann und sollte der Vorgesetzte den Mitarbeiter zur Stellungnahme zu einzelnen Beurteilungspunkten auffordern, um Ursachen für Schwachpunkte herauszufinden. Es ist weiterhin darauf zu achten, daß Kritikpunkte vom Mitarbeiter auch als solche erkannt werden. Der Vorgesetzte hat deutlich und unmißverständlich Kritik zu üben. Von Bedeutung ist die Erörterung unterschiedlicher Auffassungen. Diese dürfen nicht unbesprochen im Raum stehenbleiben. Es könnte passieren, daß der Mitarbeiter mit seiner Unterschrift unter die Beurteilung, diese zwar zur Kenntnis nimmt, aber inhaltlich nicht mit ihr übereinstimmt. Kritikpunkte und Leistungsmängel müssen daher durch einen Soll-Ist-Vergleich begründet werden. Zu vermeiden ist persönliche Kritik und persönliches Lob. Ein wichtiger Bestandteil des Beurteilungsgespräches ist die Planung von Leistungsverbesserungen. Der Vorgesetzte ist gut beraten, wenn er sich zunächst die Vorstellungen des Mitarbeiters zur Verbesserung darstellen läßt, um ihm die Möglichkeit zu geben, an der Zielsetzung aktiv teilzunehmen. Im Anschluß sollte der Vorgesetzte seine Erwartungen nennen und Fortbildungsmöglichkeiten aufzeigen. Die Gesprächspartner sollten gemeinsam Ziele im Leistungs- und Verhaltensbereich erarbeiten. Zu dieser Planung gehört die Ankündigung von Kontrollen, um zu überprüfen, ob die vereinbarten Ziele vom Mitarbeiter erreicht wurden. Während der Gesprächsdurchführung sollte der Vorgesetzte Gesprächsnotizen fertigen. Sie dienen der Protokollierung unterschiedlicher Auffassungen der Gesprächsteilnehmer, die dann als Stellungnahme des Mitarbeiters zu der endgültigen Beurteilung genommen werden können (siehe § 83 Abs. 2 BetrVG). Weiterhin helfen sie, vereinbarte Ziele und Fortbildungsmaßnahmen schriftlich festzuhalten. Im Anschluß folgt die endgültige Abfassung der Beurteilung mit den festgelegten Zielen, evtl. Versetzungsbereitschaft, Fortbildungsbedarf usw. Nachdem der Vorgesetzte nochmals die wesentlichen Ergebnisse zusammengefaßt hat, erfolgt die Unterzeichnung der Beurteilung – vom Vorgesetzten und vom Mitarbeiter. Das Gespräch ist positiv mit dem Wunsch für gutes Gelingen der geplanten Vorhaben zu beenden.

12.4 Folgen des Beurteilungsgespräches

Zu der Auswertung des Beurteilungsgespräches gehört das Einholen der Unterschrift des nächsthöheren Vorgesetzten. Die Beurteilung ist mit einer möglichen Stellungnahme des Mitarbeiters an die Personalabteilung zu senden, damit diese die Unterlagen in die Personalakte aufnehmen können. Dem Mitarbeiter ist auf Wunsch eine Kopie der Beurteilung auszuhändigen. Wurden interne Fortbildungsmaßnahmen vereinbart, sollte sich der Vorgesetzte mit der Fortbildungsabteilung in Verbindung setzten und alles Notwendige veranlassen. Des weiteren hat er zu gegebener Zeit die angekündigten Kontrollen durchzuführen, um die Zielerreichung seitens des Mitarbeiters zu überprüfen. Außerdem sollten in diesem Zusammenhang weitere Gespräche mit dem Mitarbeiter geführt werden, um ihm einen Zwischenstand mitzuteilen. Der Vorgesetzte sollte damit nicht erst bis zur kommenden Beurteilung warten. Diese Gespräche haben Feedback-Funktion und können in Form von Anerkennungs- und Kritikgesprächen geführt werden. Je nach Hauptzielsetzung der Beurteilung, z. B. Personalförderung, Versetzung, Änderung von Stellung und Aufgaben, hat der Vorgesetzte weitere Gespräche in Form von Entwicklungs-, Laufbahn- oder Fördergesprächen zu führen. Der Vorgesetzte ist gut beraten, eine persönliche Auswertung des Gespräches vorzunehmen.

12.5 Gesprächskonzept

Gesprächsvorbereitung
- Aufgaben, Kompetenzen und Verantwortlichkeiten des Mitarbeiters bewußtmachen
- Über das Ziel der Beurteilung im klaren sein
- Mögliche Beurteilungsfehler bewußtmachen
- Belege, die zum Beurteilungsergebnis führten zur Hand nehmen
- Personalakte des Mitarbeiters besorgen, um mögliche Abmahnungen zur Beurteilung heranzuziehen
- Gesprächsnotizen aus Kritik- und Anerkennungsgesprächen zur Hand nehmen
- Das Gespräch strukturieren
- Für ungestörte Gesprächsatmosphäre sorgen
- Den Mitarbeiter rechtzeitig informieren (ca. 2–5 Tage vor Gesprächsdurchführung) und ihm zwecks Selbstbeurteilung einen Beurteilungsbogen überreichen

Gesprächsdurchführung

Eröffnung
- Begrüßung des Mitarbeiters
- Kontakt auf der Beziehungsebene herstellen

Darstellung des Anlasses
- Gesprächsanlaß nennen
- Gesprächsziel nennen
- Voraussichtliche Dauer des Gespräches nennen

Kerngespräch
- Aufgaben, Kompetenzen und Verantwortlichkeiten des Mitarbeiters beschreiben und mit ihm gemeinsam erörtern
- Den Mitarbeiter zur Selbsteinschätzung auffordern
- Zunächst positive Leistungen und Verhaltensweisen des Mitarbeiters nennen und begründen
- Im Anschluß Leistungs- und Verhaltensmängel nennen und begründen

- Ständige Begründung des Ergebnisses durch Soll-Ist-Vergleich bzw. durch Vorlage von Beweismaterial
- Auf Wechsel zwischen Lob und Kritik achten
- Auf sachliche und konstruktive Kritik achten
- Den Mitarbeiter ständig zur Stellungnahme auffordern und fragen, ob nähere Erläuterungen gewünscht werden
- Ursachen für Schwachpunkte gemeinsam herausfinden und erörtern
- Unterschiedliche Auffassungen erörtern und schriftlich festhalten (evtl. als Stellungnahme des Mitarbeiters verwenden)
- Planung von Verbesserungsmöglichkeiten:
  - Vorstellung des Mitarbeiters erfragen
  - Eigene Vorstellungen nennen
  - Gemeinsam Pläne zur Leistungs- bzw. Verhaltensverbesserung erarbeiten und schriftlich festhalten
  - Kontrollen über Zielerreichung vereinbaren

Abschluß
- Wesentliches des Gespräches wiederholen und zusammenfassen
- Gutes Gelingen für die Vorhaben wünschen
- Gespräch in positiver Atmosphäre beenden

Gesprächsauswertung
- Endgültige Fassung der Beurteilung schreiben (mit Fortbildungsmaßnahmen, Stellungnahme des Mitarbeiters)
- Unterschrift des nächsthöheren Vorgesetzten einholen
- Dem Mitarbeiter auf Wunsch eine Kopie der Beurteilung anfertigen
- Interne Fortbildungsmaßnahmen in die Wege leiten
- Kontrolle der vereinbarten Verbesserungsmaßnahmen durchführen
- Neue Gesprächstermine vereinbaren:
  - Um dem Mitarbeiter einen Zwischenstand mitzuteilen
  - In Form von Förder-, Laufbahn- oder Entwicklungsgesprächen
- Persönliche Gesprächsauswertung vornehmen

12.6 Gesprächsbeispiel

Gesprächseröffnung
Vorgesetzter: „Guten Morgen, Herr Müller. Nehmen Sie doch bitte Platz".
Mitarbeiter: „Guten Morgen, Herr Lehmann".

Erläuterungen
Der Vorgesetzt achtet auf eine positive Gesprächseröffnung, indem er den Mitarbeiter mit Namen begrüßt und ihm freundlich einen Sitzplatz anbietet. Die allgemeinen Erwartungen, die das Selbstwertgefühl des Mitarbeiters betreffen, werden somit berücksichtigt. Auf die non-verbalen Verhaltensweisen ist in der Gesprächseröffnung verstärkt zu achten. Der Kontakt auf der Beziehungsebene wird somit hergestellt.

Darstellung des Gesprächsanlasses
Vorgesetzter: „Ich hatte Ihnen ja bereits Mitte letzter Woche das heutige Gespräch angekündigt und Ihnen damit auch Gelegenheit gegeben, sich darauf vorzubereiten. Ich denke, daß wir die Beurteilung in den nächsten 30 Minuten durchsprechen können, ich habe mir aber auf jeden Fall ausreichend Zeit genommen, so daß wir sie in Ruhe durchgehen können. Sie werden wissen, daß ich Ende des Jahres das Unternehmen aus Altersgründen verlasse und so kommt es, daß wir die Mitarbeiter dieser Abteilung vor dem Antritt des neuen Abteilungsleiters beurteilen. Seien Sie doch bitte so nett und sagen mir, worin Sie Ihre Aufgaben im Unternehmen sehen, Herr Müller".

Erläuterung
Der Vorgesetzte nennt den Grund des Gespräches und auch den Grund des Zeitpunktes der Beurteilung. Der Formulierung ist zu entnehmen, daß der Mitarbeiter ausreichend Zeit hatte, sich auf dieses Gespräch vorzubereiten. Des weiteren gibt der Vorgesetzte bekannt, wie lange das Gespräch in etwa dauern wird. Falls diese Zeit aber nicht reicht, können sie das Gespräch dennoch in Ruhe zu Ende bringen, da sich der Vorgesetzte ausreichend Zeit genommen

hat. Er gibt dem Mitarbeiter somit die Gewissheit, daß dieses Gespräch nicht unter Zeitdruck geführt werden muß.

Kerngespräch

Mitarbeiter: „Nun, als Verkäufer in der Lebensmittelabteilung habe ich mich in den letzten zwei Jahren im Getränkebereich spezialisiert. Hier bin ich nicht nur für den Verkauf zuständig, sondern zum Teil auch für die Bestellungen und für das Sortiment".

Vorgesetzter: „Ja, Herr Müller, daß Sie sich in diesem Bereich spezialisiert haben ist mir angenehm aufgefallen. In diesem Zusammenhang haben Sie ja auch die Urlaubs- und Krankheitsvertretung für den Erstverkäufer der Getränkeabteilung übernommen".

Mitarbeiter: „Ja, aber das erst im vergangenen Jahr".

Vorgesetzter: „Wie würden Sie denn Ihre Leistungen selbst einschätzen, Herr Müller?"

Mitarbeiter: „Nun, im Spirituosenbereich würde ich meine Kenntnisse für recht passabel halten. Auch bei den alkoholfreien Getränken würde ich denken, daß meine Kenntnisse gut sind. Nur im Weinbereich, da bemerke ich bei der Kundenberatung immer wieder, daß noch Wissen fehlt".

Vorgesetzter: „Nun, Herr Müller, perfekt ist niemand und nun sind Sie ja auch erst zwei Jahre in der Getränkeabteilung. Was Ihre Kenntnisse im Spirituosenbereich angeht, so würde ich diese nicht nur als recht passabel, sondern als sehr gut ansehen. Das habe ich auch in Ihrer Beurteilung vermerkt. Sind Sie damit einverstanden?"

Mitarbeiter: „Ja, natürlich".

Vorgesetzter: „Ebenso halte ich Ihre Kenntnisse im alkoholfreien Bereich für sehr gut. Auch hier haben Sie sich als echte Fachberatung erwiesen. Dies ist nicht zuletzt an den gestiegenen Umsatzzahlen zu erkennen, sondern auch an der Zahl der zufriedenen Kunden, die uns immer wieder aufsuchen. Was Ihre Kenntnisse im Weinbereich angeht, so sehe auch ich hier noch Lücken und würde Sie mit ausreichend beurteilen. Dies würde ich deshalb sagen, da mir aufgefallen ist, daß Sie bei Kundenberatungen immer wieder den Herrn Schulz hinzuziehen müssen, damit der Kunde umfangreich beraten werden kann. Sind Sie damit einverstanden?"

Mitarbeiter: „Ja, ich denke das trifft zu".

12. Beurteilungsgespräch

Vorgesetzter: „Gut, dann wären wir uns dahingehend einig. Dann kommen wir zu dem Punkt „Zuverlässigkeit". Als Kriterium ist hier zum einen die Termingenauigkeit angegeben. Wie schätzen Sie sich denn hierzu selbst ein, Herr Müller?"

Mitarbeiter: „Nun, ich würde sagen, daß ich die Aufgaben, die mir übertragen wurden im großen und ganzen termingerecht erledige. Bis auf die eine Sache neulich, da habe ich vergessen die Bestellung beim Lieferanten durchzugeben. Da standen wir zwei Tage ohne Bier da, weil der Lieferant nicht mehr am selben Tag liefern konnte".

Vorgesetzter: „Davon habe ich gehört. Aber ich denke, daß sich dies um einen einmaligen Vorfall handelte und würde Ihnen, da Sie ja noch nicht in vollem Umfang dafür zuständig sind, hier ein „gut" geben".

Mitarbeiter: „Ja, damit bin ich mehr als einverstanden".

Vorgesetzter: „Nun steht unter der Rubrik „Zuverlässigkeit" noch das Kriterium „Pünktlichkeit". Wie sieht es denn damit aus, Herr Müller?"

Mitarbeiter: „Na ja, Sie spielen jetzt wahrscheinlich auf meine Unpünktlichkeit in den letzten Tagen an. Ich gebe zu, da war ich etwas unpünktlich".

Vorgesetzter: „Etwas unpünktlich, Herr Müller, ist etwas untertrieben. Sie werden sich erinnern können, daß wir uns vor zwei Monaten einmal unterhalten haben, da Sie es mit Ihrem Arbeitsbeginn nicht so genau nehmen. Ich habe mir einmal die Notiz aus diesem Gespräch zur Hand genommen und festgestellt, daß Sie in der Woche vor unserem Gespräch drei mal zu spät gekommen sind – und das in einer Woche. Zugegeben, es hat sich dann gebessert, aber wie Sie eben selbst sagen, hat sich dies in den letzten Tagen wiederholt. Aus diesem Grund schlage ich vor, in die Beurteilung aufzunehmen „bedarf gelegentlicher Ermahnung". Sind Sie damit einverstanden?"

Mitarbeiter: „Na ja, ich sehe ein, daß ich nicht der Pünktlichste bin, von daher bin ich damit einverstanden".

Vorgesetzter: „Herr Müller, dann würde ich gerne nochmals auf Ihre Kenntnisse im Weinbereich kommen. Wie Sie vorhin feststellten, sind hier noch Lücken vorhanden. Wie stellen Sie sich denn vor, wie wir diese beseitigen können?

Mitarbeiter: „Da habe ich mir auch schon Gedanken gemacht, da mich dieser Bereich sehr interessiert. Ich habe neulich gehört, daß unser Weinlieferant XY auch Schulungen für uns anbietet. Ich glaube es ist nicht verkehrt, da mal teilzunehmen, aber näheres weiß ich leider nicht".

Vorgesetzter: „Aha, daß war mir bislang gar nicht bekannt. Dann schlage ich vor, ich setze mich mit dieser Firma in Verbindung und erkundige mich, was das für eine Schulung ist. Ich gebe Ihnen dann noch Bescheid und wenn es für Sie in Frage kommt, dann können Sie gerne daran teilnehmen. Ich finde es sehr gut, daß Sie sich bereits darüber Gedanken gemacht haben und Interesse zeigen".

Mitarbeiter: „Ja, daran bin ich sehr interessiert und eine Schulung ist sicherlich nützlich".

Vorgesetzter: „Nun würde ich gerne noch über Ihre Pünktlichkeit sprechen. Wie stellen Sie sich denn die Lösung dieses Problems zukünftig vor?

Mitarbeiter: „Also, da gebe ich mir wirklich Mühe und das letzte Mal war das schlechte Wetter schuld. Ich werde zukünftig rechtzeitig zu Hause losfahren, damit das nicht nochmal passiert".

Vorgesetzter: „Nun, Herr Müller, nach unserem letzten Gespräch lief das ja auch sehr gut. Ich bin daher guter Dinge, daß es sich in den letzten Tagen um eine Ausnahme handelte. Aber bedenken Sie bitte, daß ich beim nächsten mal nicht nur eine Gesprächsnotiz fertigen kann. Ich werde dann um eine Abmahnung sicherlich nicht umhinkommen".

Mitarbeiter: „Das verspreche ich Ihnen, Herr Lehmann".

Vorgesetzter: „Jetzt sind Sie doch bitte so nett und sagen mir noch, welche persönlichen Ziele Sie sich im Unternehmen gesteckt haben".

Mitarbeiter: „Nun, als kurzfristiges Ziel möchte ich mir alle Kenntnisse im Getränkebereich aneignen, um diesen Bereich als Erstverkäufer zu übernehmen. Und langfristig gesehen möchte ich gerne Substitut in dieser Filiale werden".

Vorgesetzter: „Aha, das mit dem Substitut ist sicherlich noch ein längerer Weg, der aber, wie Sie selbst sagen, langfristig angegangen werden kann. Der erste Schritt ist sicherlich der Erstverkäufer, den Sie ohne weiteres erreichen können, wenn Sie Ihre Kenntnisse noch erweitern. Ich bin damit einverstanden, als kurzfristige Entwicklungsmöglichkeit den Erstverkäufer in die Beurteilung aufzunehmen. Da Sie bislang noch keine Führungsaufgaben übernommen ha-

ben, bleibt abzuwarten, wie Sie sich in dieser Position entwickeln, um festzustellen, ob die Position des Substituts langfristig in Frage kommt. Ich werde in Ihrer Beurteilung vermerken, daß ich mir dies durchaus vorstellen kann, aber zukünftige Beurteilungen meines Nachfolgers abzuwarten sind. Sind Sie damit einverstanden, Herr Müller?
Mitarbeiter: „Ja, sehr sogar".

Erläuterung
Um nicht von unterschiedlichen Aufgaben, Kompetenzen und Verantwortlichkeiten auszugehen, läßt sich der Vorgesetzte diese zu Beginn des Kerngespräches vom Mitarbeiter nennen. Er ergänzt hierzu einiges, so daß hierüber Einigkeit herrscht.

Im Anschluß fordert der Vorgesetzte den Mitarbeiter zu einer Selbsteinschätzung auf und vermeidet, zu Beginn des Kerngespräches ein Pauschalurteil abzugeben. Da sich die Getränkeabteilung, in der der Mitarbeiter tätig ist, in mehrere Bereiche unterteilt, geht man in Einzelheiten über, um festzustellen und festzuhalten, wo Schwachpunkte und Stärken des Mitarbeiters vorhanden sind.

Der Vorgesetzte greift den vom Mitarbeiter angegebenen Schwachpunkt auf und sorgt zunächst dafür, daß eine angenehme Atmosphäre und der Kontakt auf der Beziehungsebene erhalten bleibt. Dies versucht er mit dem Hinweis, daß niemand perfekt und der Mitarbeiter schließlich noch nicht so lange in der Abteilung ist, um sich alle Kenntnisse anzueignen. In seiner Beurteilung geht er jedoch erst auf die positiven Leistungen des Mitarbeiters ein und beurteilt ihn sogar besser, als der Mitarbeiter sich selbst. Daß zu Beginn der Beurteilung auf positive Leistungen eingegangen wird, sollte vom Vorgesetzten beachtet werden, um den weiteren Gesprächsverlauf nicht zu verbauen. Der Vorgesetzte beurteilt den Mitarbeiter eingangs sogar besser, als dieser sich selbst. Wenn der Vorgesetzte dieser Meinung ist, dann sollte er es auch in die Beurteilung aufnehmen, da Mitarbeiter sich selbst oftmals schlechter beurteilen. Keinesfalls sollte er die Gelegenheit nutzen, um die schlechtere Selbstbeurteilung zu übernehmen, da er den Mitarbeiter demotivieren könnte. Die Beurteilung des Vorgesetzten sollte nicht ohne Begründung erfolgen – auch die gute Beurteilung nicht.

12.6 Gesprächsbeispiel

Nach der eingangs positiven Darstellung der Leistung geht der Vorgesetzte dazu über, die Schwachpunkte des Mitarbeiters zu nennen und zu begründen. Er achtet somit auf einen Wechsel zwischen positiver und weniger positiver Leistung. Ebenso fragt er zu jedem Beurteilungspunkt, ob Einigkeit hierzu herrscht oder ob der Mitarbeiter anderer Meinung ist. Da dies nicht der Fall ist, kann auf nähere Erläuterungen verzichtet werden.

Als der Vorgesetzte zum nächsten Beurteilungspunkt „Zuverlässigkeit" kommt, läßt er diesen Begriff nicht kommentarlos im Raum stehen, sondern nennt Kriterien, damit verhindert wird, daß beide unter diesem Begriff etwas anderes verstehen. Auch zu diesem Punkt folgt eine Selbsteinschätzung des Mitarbeiters. Mit dieser Aufforderung erreicht der Vorgesetzte, daß sich der Mitarbeiter selbstkritisch mit seinen Leistungen und Verhaltensweisen auseinandersetzt und von negativen Leistungen und Verhaltensweisen evtl. nicht erst überzeugt werden muß, sondern sie selbst einsieht. Auch hier gibt der Vorgesetzte eine Begründung des Beurteilungsergebnisses und stellt sicher, daß der Mitarbeiter damit einverstanden ist. Uneinigkeit zwischen den Gesprächspartnern herrscht bei dem Kriterium „Pünktlichkeit". Da der Mitarbeiter diese offenbar für nicht so schwerwiegend hält, erinnert ihn der Vorgesetzte an ein Gespräch über die Problematik. Mit der vorhandenen Gesprächsnotiz beweist der Vorgesetzte, daß er nicht unvorbereitet in das Beurteilungsgespräch gekommen ist. Diese Notiz verhilft dem Vorgesetzten zu einem Beweismittel, da sich der Mitarbeiter besser beurteilt als dies der Vorgesetzte macht. Aber auch in diesem Fall versichert sich der Vorgesetzte, ob der Mitarbeiter mit der Beurteilung einverstanden ist und gibt ihm die Gelegenheit Rückfragen zu stellen oder weitere Erklärungen zu erbitten. Nachdem alle Beurteilungspunkte durchgegangen wurden, folgt die Phase der Planung von Verbesserungsmöglichkeiten. Zunächst erfragt der Vorgesetzte die Vorstellung des Mitarbeiters und gibt ihm damit die Möglichkeit, aktiv an der Zielsetzung teilzunehmen. Dies ist wichtig, da sich der Mitarbeiter sonst „überfahren" fühlen könnte, wenn der Vorgesetzte sogleich bestimmt, wie weiter zu verfahren ist. Da der Vorgesetzte bislang von der genannten Verbesserungsmöglichkeit nichts gehört hat, sichert er dem Mitarbeiter zu, sich darum zu kümmern und beachtet somit die Erwartungen des Mitarbeiters, die seine Arbeitsleistung betreffen. Indem der Vorgesetzte diese Möglichkeit nicht sofort verwirft, sorgt er dafür, daß eine angenehme Gesprächsatmosphäre erhalten bleibt und der Mitarbeiter sich auch weiterhin äußert. Des weiteren lobt er ihn dafür, daß er sich gut auf das Gespräch vorbereitet hat und erhält den guten Kontakt auf der Beziehungsebene. Auch das Problem der Unpünktlichkeit wird zwischen den Gesprächspartnern geklärt und vom Vorgesetzten zu diesem Zeitpunkt nicht überbewertet, da der Mitarbeiter eine plausible Begründung für die Verspätung in den vergangenen Tagen liefert. Jedoch weist der Vorgesetzte eindeutig auf die Folgen im Wiederholungsfall hin, damit der Mitarbeiter darüber nicht im unklaren gelassen wird.

Nach der Beurteilung des Mitarbeiters folgt die Erörterung der Entwicklungsmöglichkeiten. Diese ist in diesem Fall in das Gespräch einzubeziehen, da der Vorgesetzte das Unternehmen verläßt und seinem Nachfolger seine Einschätzung mitteilen sollte. Aus diesem Grund sollte das Durchsprechen der Beurteilung und die Darstellung der Entwicklungsmöglichkeiten in einem Gespräch zusammengefaßt werden. Der Vorgesetzte stellt hierbei die Möglichkeiten realistisch dar und weist den Mitarbeiter darauf hin, daß er die Position des Erstverkäufers durchaus erreichen kann, wenn er die erforderlichen Kenntnisse erlangt. Weitere Beförderungen sind dann von den folgenden Beurteilungen abhängig.

Gesprächsabschluß
Vorgesetzter: „Dann verbleiben wir bitte so, daß ich mich mit der Firma XY in Verbindung setze und Ihnen nochmals Bescheid gebe, sobald ich etwas in Erfahrung bringen konnte. Und Sie sind bitte ab sofort pünktlich zum Arbeitsbeginn in der Firma. Ich werde mir in diesem Zusammenhang Ihre Stempelkarte ansehen, um mich von Ihrer Pünktlichkeit zu überzeugen. Sobald ich etwas über die Schulung in Erfahrung bringen konnte, werde ich Ihre endgültige Beurteilung schreiben und Ihnen eine Kopie davon zukommen lassen. Liegt Ihnen noch etwas am Herzen, was wir nicht besprochen haben, Herr Müller?
Mitarbeiter: „Nein".
Vorgesetzter: „Gut, dann verbleiben wir wie besprochen. Ich wünsche Ihnen für Ihre Vorhaben gutes Gelingen und daß Sie auch Ihre langfristigen Ziele erreichen. Auf Wiedersehen".
Mitarbeiter: „Auf Wiedersehen, Herr Lehmann".

Erläuterung

Im Anschluß des Kerngespräches folgt eine Zusammenfassung des Wesentlichen aus dem Gespräch mit dem Hinweis auf Kontrollmaßnahmen. Der Vorgesetzte gibt dem Mitarbeiter noch die Möglichkeit, nicht angesprochene Themen einzuflechten. Diese Frage trägt ebenso zum guten Kontakt auf der Beziehungsebene bei. Das Gespräch wird in positiver Atmosphäre mit dem Hinweis auf gutes Gelingen beendet. Damit ist der Grundstein für weitere Gespräche gelegt, da diese in angenehmer Atmosphäre geführt werden können.

13. Rückkehrgespräch

13.1 Ziel des Gespräches, Gründe und Kosten der Fehlzeiten

Ziel des Rückkehrgespräches ist es, die Abwesenheitszeiten im Unternehmen zu senken. Wenn in diesem Zusammenhang von Abwesenheiten die Rede ist, so ist zu ermitteln, wie sich Abwesenheiten zusammensetzen und wie sie zustande kommen. Grundsätzlich führen Abwesenheiten zu einer Senkung der Sollarbeitszeit eines Mitarbeiters. Diese Sollarbeitszeit errechnet sich aus den Kalendertagen pro Jahr abzüglich der Sonntage, Samstage und Feiertage. Subtrahiert man hiervon den gesetzlich geregelten Urlaubsanspruch, so erhält man die Nettoarbeitstage eines Mitarbeiters. Diese betragen in der Regel circa 220 Tage. Zusätzliche Abwesenheiten, z. B. in Form von Krankheiten, senken diese Sollarbeitszeit nochmals zum Teil erheblich. Die Gründe für Fehlzeiten können vielfältig sein. Grundsätzlich lassen sie sich unterteilen in Gründe, die im privaten Umfeld, im gesellschaftlichen Umfeld oder im Arbeitumfeld des Mitarbeiters zu finden sind. In der Regel werden einzelne Fehlzeitengründe jedoch nicht isoliert auftreten, sondern sind eher ineinander verzahnt. Der betriebliche Vorgesetzte hat sich mit der Frage auseinanderzusetzen, welche Fehlzeitengründe er direkt beeinflussen kann. Sicherlich wird er keinen direkten Einfluß auf die privaten Ursachen nehmen können. Ebensowenig kann er Einfluß auf das gesellschaftliche Umfeld des Arbeitnehmers nehmen. Seine Einflußgröße beschränkt sich auf das betriebliche Arbeitsumfeld des Mitarbeiters. Hierbei besteht die Möglichkeit, direkt auf die Arbeitsbedingungen, wie die Arbeitszeit, die Gruppengröße des Arbeitsteams, die Betreuung der Mitarbeiter, die Umwelteinflüsse in Form von Geräuschen, Gasen und Vibrationen, Einfluß zu nehmen. Aber nicht nur die Arbeitsbedingungen, sondern auch das direkte Vorgesetztenverhalten kann sich negativ auf Fehlzeiten auswirken. Umfragen haben sogar ergeben, daß dies die häufigste Ursache für Fehlzeiten im Unternehmen ist. Dabei wurde angeführt, daß das Kommunikationsverhalten des direkten Vorgesetzten Mitarbeiter veranlaßt, vom Arbeitsplatz fernzubleiben. Dieses Kommunikationsverhalten reicht von der unzureichenden Einarbeitung neuer Mitarbeiter in deren Aufgabengebiet bis hin zu unsachlicher und barscher Kritik gegenüber Mitarbeitern. Aber auch das schlechte Betriebsklima, die Über- bzw. Unterforderung der Mitarbeiter, die geringe Entwicklungsmöglichkeit und das Entgelt wurden als Fehlzeitengründe angegeben. Es würde den Rahmen dieser Arbeit sprengen, auf alle Fehlzeitengründe näher einzugehen. Da aber das Kommunikationsverhalten des Vorgesetzten in verstärktem Maße beklagt wurde, soll auf diese Problematik näher eingegangen werden. Die Auswirkung dieser mangelhaften Kommunikation ist, daß immer mehr Mitarbeiter sich ihre Motivationsstörungen medizinisch attestieren lassen. Dies macht es um so schwieriger, wirklich Kranke von denen zu unterscheiden, deren Fehlzeitengrund im Arbeitsumfeld zu suchen ist. Dieser Absentismus nahm in der Bundesrepublik zum Teil beachtliche Ausmaße an. Erst seit Mitte der 90er Jahre schenkte man dem Problem gesteigerte Aufmerksamkeit und war sich offensichtlich der betriebswirtschaftlichen Folgen von motivationsbedingten Fehlzeiten bewußt. Deutsche Unternehmen beziffern mittlerweile öffentlich ihre Kosten für krankheitsbedingte Fehlzeiten. So gab die *Deutsche Post* an, daß ihre Kosten bei ca. 2 Mrd. DM liegen. Die *Deutsche Bahn* beziffert die Kosten mit 1,7 Mrd. DM und die *Deutsche Telekom* immerhin noch mit 1,5 Mrd. DM (*manager magazin*, August 1996).

Aber auch wenn das Unternehmen nicht die Dimension der Deutschen Bahn oder der Deutschen Telekom erreicht, so verursachen Abwesenheiten hohe Kosten. Diese Kosten liegen nicht nur im Bereich der primären Kosten, also der Kosten für die Entgeltfortzahlung. Die zum Teil weitaus höheren Kosten liegen im Bereich der sekundären Kosten. Diese setzen sich zusammen aus der Administrierung der Fehlzeiten, den Opportunitätskosten, den Produktionsausfällen, der Personalreserve, den Überstundenzuschläge anderer Mitarbeiter, den zukünftigen Umsatzeinbußen usw. Die sekundären Kosten werden, je nach Branche, auf bis zu 150% der primären Kosten geschätzt. Allein diese Zahlen sprechen dafür, sich dem Problem Fehlzeiten zu widmen.

13.2 Mitarbeiterorientierte Gesprächsführung

Grundsätzlich ist das Rückkehrgespräch mit allen aus einer Krankheit zurückkommenden Mitarbeitern zu führen. Um den direkten Zusammenhang zwischen krankheitsbedingten Ausfall und Gespräch zu unterstreichen, besteht der Anspruch das Gespräch unmittelbar nach der Rückkehr durchzuführen. Günstig erscheint es, das Gespräch am Tage der Rückkehr zu führen. Da dies häufig von Vorgesetzten beklagt wird, da ihr Zeitbudget dies nicht zuläßt, sollte jedoch spätestens am darauffolgenden Tag, also innerhalb von 48 Stunden, das Gespräch geführt werden. Hierbei handelt es sich bereits um einen sehr weit gefaßten Zeitrahmen. Sollte das Gespräch später geführt werden, so verfehlt es den eigentlichen Sinn und sollte daher besser unterlassen werden. Ziel des Rückkehrgespräches ist es, den Mitarbeiter im Unternehmen Willkommen zu heißen. Der Vorgesetzte hat dem Mitarbeiter deutlich zu zeigen, daß er vermißt wurde und wichtig er für das Unternehmen ist. Da es sich hierbei um ein Motivationsgespräch handelt, ist auf Vorwürfe und das Aufzeigen von Konsequenzen für den Mitarbeiter bei weiterem Fehlen unbedingt zu verzichten. Das Gespräch ist geprägt von einer positiven, freundlichen und offenen Gesprächsatmosphäre. Alle Verhaltensweisen seitens des Vorgesetzten, die die Atmosphäre negativ beeinflussen können, sind zu unterlassen, da sie das Gespräch in falsche Bahnen lenken und das Gesprächsziel somit verfehlt wird. Dieser Anspruch beinhaltet auch, daß im Gespräch nicht der Eindruck entstehen darf, es handele sich um eine „Pflichtveranstaltung" für den Vorgesetzten. Der Vorgesetzte sollte seine Freude über die Rückkehr zum Ausdruck bringen und sich nach dem Befinden des Mitarbeiters erkundigen. Besondere Berücksichtigung sollte das Aktive Zuhören und das Stellen offener Fragen finden. Sie tragen dazu bei, daß sich der Mitarbeiter offen und frei äußern kann. Der Mitarbeiter ist zu befragen, ob er vollständig genesen und ob noch besondere Rücksicht zu nehmen ist. In diesem Zusammenhang sollte nach den betrieblichen Ursachen der Krankheit gefragt werden. Die ehrliche Beantwortung dieser Frage setzt ein besonderes Vertrauensverhältnis voraus. Sollte vom Mitarbeiter ein Zusammenhang gesehen werden, so ist ihm unbedingt Hilfe anzubieten. Sollte dies unterlassen werden, so wird sich der Mitarbeiter beim nächsten Mal sehr gut überlegen, ob er nochmals offen und ehrlich antwortet. Das Vertrauensverhältnis kann beeinflußt werden. Der Vorgesetzte hat darauf zu achten, daß er nicht nur Informationen empfängt, sondern auch Informationen gibt (siehe Bedeutung des Johari-Fensters). Dies kann geschehen, indem er über Neuigkeiten im Arbeitsbereich des Mitarbeiters informiert, aber auch darüber, wie und von wem die Arbeit des Mitarbeiters während seiner Abwesenheit erledigt wurde. Darüber hinaus ist er über weitere Vorhaben der Arbeitsgruppe, der Abteilung oder des Bereiches zu unterrichten. Durch diesen Informationsaustausch wird die Wichtigkeit des Mitarbeiters im gesamten Arbeitsprozeß herausgestellt. Den individuellen Erwartungen des Mitarbeiters wird somit Rechnung getragen.

13.3 Nachbereitung des Gespräches

Sollten vom Mitarbeiter betriebliche Gründe für die Fehlzeiten angegeben worden sein, so ist dafür zu Sorgen, daß diesen Hinweisen nachgegangen wird. Hierbei kann es sich beispielsweise um Zugluft am Arbeitsplatz oder um Streß durch Überforderung handeln. Aber auch das Verhalten des Vorgesetzten kann dazu beigetragen haben, dem Arbeitsplatz fernzubleiben. In diesem Fall ist der Vorgesetzte gut beraten, die Initiative zu ergreifen und zu überdenken, ob mangelhafte Führungs- und Sozialkompetenz durch Schulungsmaßnahmen zu beheben sind. Die psychologische Gesprächsauswertung sollte hierbei im Vordergrund stehen. Zugesagte oder sogar vereinbarte Hilfe ist unbedingt in die Tat umzusetzen. Sollten die Gründe im Arbeitsablauf liegen, so ist ebenfalls, evtl. unter Mitwirkung des Mitarbeiters, Abhilfe zu schaffen. Sollte sich das Arbeitsumfeld, aus welchen Gründen auch immer, nicht beeinflussen lassen, so ist dies in einem weiteren Gespräch dem Mitarbeiter mitzuteilen und die Gründe hierfür zu nennen. Unterlassene, aber zugesagte Hilfestellung, verstärkt die Motivationsstörung des Mitarbeiters. Mit weiteren, wenn nicht sogar verstärkten Fehlzeiten muß gerechnet werden. Ein Rückkehrgespräch, dem keine Taten folgen, verliert schnell an Glaubwürdigkeit und als Führungs- und Motivationsinstrument an Gewicht.

Darüber hinaus ist das weitere Fehlzeitenverhalten des Mitarbeiters genau zu beobachten. Sollten die Fehlzeiten nicht nachlassen, so sind weitere Gespräche und Maßnahmen zu planen.

13.4 Gesprächskonzept

Gesprächsvorbereitung
- Gespräch unmittelbar nach der Rückkehr mit dem Mitarbeiter führen
- Arbeitsumfeld des Mitarbeiters vor Augen führen, insbesondere:
  - Zusammensetzung der Arbeitsgruppe
  - Physische Einflüsse
  - Psychische Einflüsse
  - Vorgesetztenverhalten etc.
- Soweit bekannt, das private und gesellschaftliche Umfeld des Mitarbeiters vor Augen führen, insbesondere
  - Private Schicksalsschläge
  - Temporäre private Belastungen etc.
- Gesamtes Fehlzeitenverhalten des Mitarbeiters in der Vergangenheit berücksichtigen
- Psychologische Gesprächsvorbereitung vornehmen
- Informationen, die dem Mitarbeiter im Gespräch gegeben werden sollen vorbereiten, insbesondere:
  - Weitere Vorhaben der Abteilung/Gruppe
  - Veränderungen und Neuigkeiten im Unternehmen
  - Veränderungen am Arbeitsplatz des Mitarbeiters
  - Vertretungsregelung am Arbeitsplatz des Mitarbeiters
- Für ungestörte Gesprächsatmosphäre sorgen

Gesprächsdurchführung

Eröffnung
- Begrüßung des Mitarbeiters
- Kontakt auf der Beziehungsebene herstellen
- Freundliche, offene Gesprächsatmosphäre herstellen

Darstellung des Anlasses
- Freude über die Rückkehr des Mitarbeiters zum Ausdruck bringen

Kerngespräch
- Nach Befinden des Mitarbeiters erkundigen
- Frage nach vollständiger Genesung bzw. Rehabilitation des Mitarbeiters
- Nach weiterer Schonung erkundigen
- Zusammenhang zwischen Krankheit und Arbeitsplatz bzw. Arbeitsumgebung erfragen, insbesondere
  - Vorgesetztenverhalten
  - Streß
  - Umwelteinflüsse, wie Zugluft, Lärm etc.
- Falls Zusammenhang besteht, Hilfen anbieten bzw. Abhilfe gemeinsam erörtern
- Den Mitarbeiter über Arbeitsabläufe während seiner Abwesenheit informieren, insbesondere über
  - Vertretung am Arbeitsplatz
  - Veränderungen am Arbeitsplatz
  - Neuigkeiten im Unternehmen
  - Zukünftige Vorhaben etc.
- Die Wichtigkeit des Mitarbeiters herausstellen und den Gesamtzusammenhang seiner Arbeit und der Abteilungs- bzw. Unternehmensziele darstellen

Abschluß
- Wesentliches des Gespräches wiederholen und zusammenfassen
- Falls erforderlich weitere Gesprächstermine festlegen
- Termine für Hilfen bzw. Veränderungen am Arbeitsplatz festlegen
- Für die Offenheit des Mitarbeiters danken
- Viel Erfolg beim Wiedereinstieg wünschen
- Gespräch in positiver Atmosphäre beenden

Gesprächsauswertung
- Gesprächsnotizen anfertigen
- Zugesagte Hilfen in die Wege leiten
- Weitere Gesprächstermine notieren bzw. vereinbaren
  - Um dem Mitarbeiter einen Zwischenstand mitzuteilen
  - Um dem Mitarbeiter vereinbarte Veränderungen mitzuteilen
  - Um weitere Vorgehensweise zu besprechen
- Weiteres Fehlzeitenverhalten des Mitarbeiters im Auge behalten

- Evtl. eigenes Verhalten ändern, falls dies zur Fehlzeit beigetragen hat
- Evtl. Schonarbeitsplatz zur Verfügung stellen
- Persönliche Gesprächsauswertung vornehmen

14. Fehlzeitengespräch

14.1 Anlaß des Gespräches

Sollte sich auf Grund des Rückkehrgespräches keine Änderung des Fehlzeitenverhaltens beim Mitarbeiter einstellen, so kommt es unweigerlich zu erneuten Fehlzeiten. Sollten diese verstärkt auftreten bzw. über dem Durchschnitt liegen, so hat der Vorgesetzte weitere Maßnahmen zur Reduzierung in die Wege zu leiten. Da sich jede Maßnahme, sollte sie immer und immer wieder, noch zumal erfolglos, zur Anwendung kommen, abnutzt, ist nach neuen Instrumenten zu suchen. Dieses neue Instrument ist das Fehlzeitengespräch. Es unterscheidet sich vom Rückkehrgespräch, da es erst dann geführt wird, wenn es zu wiederholten Fehlzeiten des Mitarbeiters gekommen ist. Darüber hinaus unterscheidet es sich grundsätzlich von den Inhalten und von der Gesprächsatmosphäre. Während das Rückkehrgespräch in erster Linie Motivationscharakter hat, hat das Fehlzeitengespräch ganz klar die Ursachen, Folgen und Konsequenzen der Fehlzeiten für den Mitarbeiter zum Inhalt. Einige Unternehmen haben das Fehlzeitengespräch bereits standardisiert. Es existieren für den Vorgesetzten ganz klare Vorgaben, wann ein Gespräch zu führen und wie es inhaltlich gestaltet ist. So hat die *Adam Opel AG* festgelegt, daß im Rahmen ihrer vierstufigen Gesprächsführung ein Gespräch der nächsthöheren Stufe zu führen ist, wenn es zu einer erneuten Fehlzeit innerhalb einer Neun-Monats-Frist gekommen ist. Hierzu ist anzumerken, daß es gerade in großen Unternehmen sinnvoll ist Gespräche zu standardisieren. Dies ist bereits unter dem Aspekt der Gleichbehandlung der Mitarbeiter notwendig. Auf der anderen Seite wird der Gestaltungsspielraum des Vorgesetzten deutlich eingeengt. Ein Gespräch, das durch starre Vorgaben und formalen Ablauf gekennzeichnet ist, läßt schwerlich eine angenehme und offene Gesprächsatmosphäre zu. Ebenso kommt die Individualität des Mitarbeiters kaum zur Geltung. Auf der anderen Seite wird verhindert, daß Gespräche sporadisch geführt werden und somit der

Willkür des Vorgesetzten ausgesetzt sind. Eine, wenn auch nur subjektiv empfundene, Ungleichbehandlung der Mitarbeiter kann ebenso verhindert werden.

14.2 Gesprächsvorbereitung und -durchführung

Zunächst hat sich der Vorgesetzte einen genauen Überblick über die Fehlzeiten und deren Struktur zu machen. Um diesen Überblick zu erhalten hat eine Zusammenarbeit mit der Personalabteilung, die die Fehlzeitenstatistik führt, zu erfolgen. Idealerweise gibt die Statistik nicht nur Auskunft über die Höhe der Fehlzeiten, sondern auch über die Lage bzw. ob es sich um Folgeerkrankungen, Kurzerkrankungen, Erkrankungen im Zusammenhang mit Urlaub, Feiertagen, oder Wochenenden handelt. Darüber hinaus sollte nicht nur der aktuelle Krankenstand, sondern auch der Krankenstand der vergangenen zwei Jahre herangezogen werden. Selbstverständlich hat eine Unterteilung der Fehlzeiten hinsichtlich Krankheit, Kur, unfallbedingten Fehlzeiten, entschuldigtem und unentschuldigtem Fehlen, Verspätungen, betrieblich bedingtem Fehlen etc. zu erfolgen. Eine pauschale Übersicht von Fehlzeiten kann für ein Gespräch nicht herangezogen werden. Es dürfen keine Zweifel über die Arten der Abwesenheiten bestehen. Nachdem sich der Vorgesetzte ein genaues Bild über die Fehlzeiten gemacht hat, ist der Mitarbeiter rechtzeitig über das bevorstehende Gespräch zu informieren. Sinnvoll erscheint es, dies einen Tag vor der Gesprächsdurchführung vorzunehmen. Eine längere Gesprächsankündigung kann sich negativ auf das Gespräch auswirken, da dem Mitarbeiter der Gesprächsanlaß mit der Einladung mitgeteilt wird. Desto größer die Zeitspanne zwischen Gesprächsankündigung und -durchführung ist, desto nervöser, unsicherer und verängstigter wird der Mitarbeiter sich verhalten.

Das eigentliche Gespräch ist, wie alle Personalgespräche, in ruhiger und positiver aber bestimmter Atmosphäre durchzuführen. Auf Wunsch der Gesprächspartner kann ein Betriebsratsmitglied zum Gespräch hinzugezogen werden. Der Kontakt auf der Beziehungsebene ist in kurzer und knapper Form herzustellen, damit der Mitarbeiter nicht auf die Folter gespannt wird. Denn schließlich wissen beide Gesprächspartner warum dieses Gespräch einberufen wurde.

14.2 Gesprächsvorbereitung und -durchführung

Nach der Eröffnung des Gespräches ist dem Mitarbeiter die Fehlzeitensituation darzulegen. Es ist darauf zu achten, daß das Gespräch in sachlicher und konstruktiver Form geführt wird. Vorwürfe werden nicht das gewünschte Ergebnis bringen. Darüber hinaus ist über das gesamte Gespräch ein Dialog zu führen. Das heißt, daß dem Mitarbeiter stets die Möglichkeit der Stellungnahme zu geben ist. Da es das Ziel des Gespräches ist, das zukünftige Abwesenheitsverhalten des Mitarbeiters zu verbessern, erscheint es sinnvoll, gemeinsam zu erarbeiten, wie dieses Verhalten beim Mitarbeiter erreicht wird. Bloßes Jammern über vergangene Fehlzeiten hilft weder den Gesprächspartnern noch dem Unternehmen. Dies bedeutet nicht, daß nicht ermittelt werden muß, warum die Fehlzeiten die vorliegende Größenordnung angenommen haben. Vom Vorgesetzten ist klar zu ermitteln, ob hier betriebliche Ursachen vorliegen und inwieweit er Einfluß auf die Fehlzeiten nehmen kann. Sollten betriebliche Gründe vorliegen, so ist gemeinsam zu klären, wie diese beseitigt werden können. Hier erscheint es günstig, wenn persönliche Notizen des Vorgesetzten aus den Rückkehrgesprächen vorliegen. Sie können als Grundlage des Fehlzeitengespräches herangezogen werden. Dies hat auch unter dem Aspekt zu erfolgen, daß vom Mitarbeiter eventuell bereits betriebliche Gründe in vorangegangenen Gesprächen genannt, diese jedoch bis dato nicht behoben wurden. In diesem Fall hat der Vorgesetzte seine Hausaufgaben nicht gemacht.

Um dem Mitarbeiter den betrieblichen Aufwand für Fehlzeiten vor Augen zu führen, erscheint es sinnvoll, ihm eine Rechnung über primäre und sekundäre Kosten aufzumachen. Häufig ahnen Mitarbeiter nicht einmal, welche Kosten sie dem Unternehmen durch ihre Fehlzeiten verursachen. Hierbei sollte allerdings darauf verzichtet werden, auf allgemeine Statistiken oder Durchschnittswerte hinzuweisen. Es ist sinnvoller, anhand der individuellen Fehlzeiten des Mitarbeiters diese Rechnung aufzumachen.

Im Vordergrund des Gespräches sollte jedoch die gemeinsame Erörterung der Verbesserung der Fehlzeitenergebnisse stehen. Hierzu ist der Mitarbeiter hinsichtlich seiner persönlichen Einschätzung über sein zukünftiges Verhalten zu befragen. Sollte der Mitarbeiter sich uneinsichtig zeigen, so sind ihm unmißverständlich die Folgen weiteren Fehlens aufzuzeigen. Gegebenenfalls sind ihm arbeitsrechtliche Konsequenzen zu vermitteln.

Das Gespräch ist mit einer Zusammenfassung der wesentlichen Gesprächsinhalte, der zugesicherten Hilfen seitens des Vorgesetzten und einem klaren Hinweis, daß das Fehlzeitenverhalten weiterhin genauestens beobachtet wird, zu beenden. Um die getroffene Zielvereinbarung zu kontrollieren, sollte zum Ende des Gespräches ein weiterer Gesprächstermin vereinbart werden. In dem folgenden Gespräch kann ermittelt werden, ob die vereinbarten Ziele erreicht wurden. Getroffene Vereinbarungen sind schriftlich festzuhalten und dem Mitarbeiter zur Kenntnis zu geben. Sollen die Aufzeichnungen auch gegenüber der Personalabteilung dokumentiert werden, so hat der Mitarbeiter diese zu unterschreiben. Eine Kopie ist sowohl der Personalabteilung als auch dem Mitarbeiter zu übergeben. Es ist evident, daß die vereinbarten Ziele realistisch sein und vom Mitarbeiter mitgetragen werden müssen. Vom Vorgesetzten oktroyierte Ziele haben den Zweck und Sinn des Gespräches verfehlt.

14.3 Rechtliche Konsequenzen

Personelle Konsequenzen im Zusammenhang mit hohen Fehlzeiten sind in der Praxis relativ problematisch. Darüber hinaus sollten Personalgesprächen in erster Linie eine gedeihliche und konstruktive Zusammenarbeit zwischen Vorgesetztem und Mitarbeiter zur Folge haben. Doch sollte weder das Rückkehrgespräch noch das Fehlzeitengespräch eine Verhaltensänderung beim Mitarbeiter hervorrufen, sollte der Vorgesetzte zumindest über weitere Möglichkeiten, gegen den Mitarbeiter vorzugehen, im Bilde sein. Da die rechtliche Situation sehr umfangreich und kompliziert ist und häufig lediglich sogenanntes Richterrecht darstellt, sei der interessierte Leser auf die einschlägige Fachliteratur verwiesen.

Die Abmahnung bzw. Kündigung sollte nur als äußerstes Mittel zur Lösung des Problems herangezogen werden. Krankheitsbedingte Fehlzeiten, für die ein Arbeitnehmer ein ärztliches Attest vorlegt, können ohnehin kein Grund für Abmahnungen sein. Sie sind nur denkbar, wenn der Mitarbeiter kein oder das Attest verspätet vorlegt.

Grundsätzlich reicht zum Nachweis der Arbeitsunfähigkeit ein ärztliches Attest aus. Eine Vorgabe seitens des Arbeitgebers über

14.3 Rechtliche Konsequenzen

eine vertrauensärztliche Untersuchung oder gar der Vorgabe des Arztes, darf nicht erfolgen. Die Auswahl des Arztes ist hierbei ausschließlich dem Arbeitnehmer überlassen. Der Arbeitgeber ist zunächst darauf angewiesen, was die Krankenkasse zur Überprüfung der Arbeitsunfähigkeit unternimmt. Nach RVO sind die Krankenkassen dazu verpflichtet, eine Begutachtung der Arbeitsunfähigkeit durch einen Vertrauensarzt zu veranlassen, wenn dies zur Sicherung des Heilerfolges erforderlich erscheint. Ein Hinweis durch den Arbeitgeber an die Krankenkasse kann zwar erfolgen, aber die Untersuchung darf nur von den Krankenkassen veranlaßt werden.

Dem Arbeitgeber bleibt die Möglichkeit, den Mitarbeiter im Rahmen des Entgeltfortzahlungsgesetztes zu verpflichten, bereits am ersten Tag seiner Arbeitsunfähigkeit ein ärztliches Attest vorzulegen. Grundlage bildet § 5 Abs. 1 „Der Arbeitnehmer ist verpflichtet, dem Arbeitgeber die Arbeitsunfähigkeit und deren voraussichtliche Dauer unverzüglich mitzuteilen. Dauert die Arbeitsunfähigkeit länger als drei Kalendertage, hat der Arbeitnehmer eine ärztliche Bescheinigung über das Bestehen der Arbeitsunfähigkeit sowie deren voraussichtliche Dauer spätestens an dem darauffolgenden Arbeitstag vorzulegen. Der Arbeitgeber ist berechtigt, die Vorlage der ärztlichen Bescheinigung früher zu verlangen."

Nach § 3 Abs. 1 EntgeltfortzahlungsG hat jeder Arbeitnehmer einen Anspruch auf 6 Wochen Entgeltfortzahlung im Krankheitsfall. Dies setzt eine durch Krankheit verursachte Arbeitsunfähigkeit voraus. Mit anderen Worten: Der Arbeitnehmer muß auf Grund der Krankheit unfähig sein, die ihm vertragsmäßig obliegende Arbeit zu verrichten.

Eine partielle Arbeitsunfähigkeit gibt es im deutschen Arbeitsrecht nicht.

Bei mehrmaliger Erkrankung entstehen jeweils voneinander unabhängige Ansprüche auf Entgeltfortzahlung. Hiervon macht die Rechtsprechung eine Ausnahme, wenn die weiteren Erkrankungen auf demselben Grundleiden beruhen. Ein erneuter Anspruch ist hier nur dann gegeben, wenn der Arbeitnehmer seit der letzten Erkrankung ununterbrochen 6 Monate gearbeitet hat oder wenn im Zeitpunkt der neuen Erkrankung bereits 1 Jahr seit dem letzten Fall von Lohnfortzahlung verstrichen ist. Dies geht aus § 3 Abs. 1 EntgeltfortzahlungsG hervor, in dem es heißt: „Wird der Arbeitnehmer infolge

derselben Krankheit erneut arbeitsunfähig, so verliert er wegen der erneuten Arbeitsunfähigkeit den Anspruch nach Satz 1 für einen weiteren Zeitraum von höchstens sechs Wochen nicht, wenn
1. er vor der erneuten Arbeitsunfähigkeit mindestens sechs Monate nicht infolge derselben Krankheit arbeitsunfähig war oder
2. seit Beginn der ersten Arbeitsunfähigkeit infolge derselben Krankheit eine Frist von zwölf Monaten abgelaufen ist."

Eine Kündigung aus krankheitsbedingten Gründen ist grundsätzlich möglich, wird von der Rechtsprechung jedoch strengen Prüfungen unterworfen. An die soziale Rechtfertigung einer solchen Kündigung werden strenge Anforderungen gestellt, da in der Regel der gesundheitlich angeschlagene Arbeitnehmer nur schwer wieder einen neuen Arbeitsplatz findet. Hierbei handelt es sich in der Regel um eine personenbedingte Kündigung im Sinne des § 1 KSchG.

Die Rechtsprechung knüpft dabei im wesentlichen an drei Voraussetzungen an:
- Es muß sich um eine langanhaltende oder häufig auftretende Krankheit handeln, die sich voraussichtlich auch in Zukunft nicht bessern wird. Der Arbeitgeber ist verpflichtet, die in der Vergangenheit aufgetretenen Fehlzeiten konkret darzulegen und sie ins Verhältnis zu der sonst im Betrieb üblichen Krankheitsquote zu setzen. Eine allgemeingültige Aussage, wie hoch die krankheitsbedingten Fehlzeiten in der Vergangenheit sein müssen, damit sie als ausreichend erachtet werden, kann nicht gemacht werden. Als Richtwert kann er jedoch mit ca. 25 % beziffert werden. Es ist notwendig, daß eine Negativprognose durch einen sachverständigen Dritten, in der Regel ein Arzt, vorgenommen wird.
- Es muß auch in Zukunft eine unzumutbare wirtschaftliche Belastung oder eine Störung der betrieblichen Arbeitsabläufe (z. B. wesentliche Störungen im Arbeitsablauf, Produktionsausfall, Verlust von Kundenaufträgen, Ersatzpersonal ist nicht beschaffbar etc.) zu befürchten sein, die der Arbeitgeber nicht durch zumutbare Gegenmaßnahmen beheben kann.
- Eine vorzunehmende Interessenabwägung, die im Rahmen des Kündigungsschutzes durchgeführt wird, muß für die Kündigung des Arbeitnehmers und gegen die weitere wirtschaftliche Belastung des Arbeitgebers sprechen. Bei der Interessenabwägung spricht für den Arbeitnehmer das Lebensalter, die Betriebszuge-

hörigkeit, Unterhaltsverpflichtungen und Umsetzungsmöglichkeiten im Unternehmen.

Grundsätzlich ist eine Kündigung wegen lange oder häufig auftretende Erkrankungen nur dann gerechtfertigt, wenn sie bereits längere Zeit vorliegen und sie auch in Zukunft zu erwarten sind.

Eine Kündigung ist sozial ungerechtfertigt, wenn sie zu einem Zeitpunkt ausgesprochen wird, in dem der Arbeitnehmer gesundheitlich uneingeschränkt wiederhergestellt ist. Eine solche Kündigung muß als eine Art Strafe angesehen werden.

Entscheidend kommt es darauf an, daß eine negative Prognose im Hinblick auf die künftige gesundheitliche Entwicklung des Arbeitnehmers besteht.

Von der Rechtsprechung anerkannt ist auch, daß eine krankheitsbedingte Leistungsunmöglichkeit Grund für eine personenbedingte Kündigung des Arbeitnehmers nach § 1 KSchG sein kann. Voraussetzung hierfür ist aber, daß eine krankheitsbedingte dauernde Unfähigkeit vorliegt, die vertraglich geschuldete Arbeitsleistung zu erbringen.

Wie bei jeder Kündigung ist auch hier der Betriebsrat nach § 102 BetrVG ordnungsgemäß anzuhören. Die fehlerhafte Anhörung des Betriebsrates führt zur Unwirksamkeit der Kündigung.

14.4 Gesprächskonzept

Gesprächsvorbereitung
- Überblick über Fehlzeitenarten verschaffen, insbesondere:
  - Krankheitsbedingte Fehlzeiten ohne ärztliches Attest
  - Krankheitsbedingte Fehlzeiten mit ärztlichem Attest
  - Kur
  - Unfallbedingte Fehlzeiten
  - Betrieblich bedingtes Fehlen
  - Unentschuldigtes Fehlen
  - Verspätungen etc.
- Klare Trennung zwischen den auf Betriebsvereinbarung beruhenden, gesetzlich oder tarifvertraglich geregelten Fehlzeiten von den persönlich bedingten Abwesenheiten des Mitarbeiters
- Überblick über Dauer der Fehlzeiten verschaffen. Handelt es sich um:

- Langzeiterkrankungen
- Häufige Kurzerkrankungen
- Folgeerkrankungen
- Fehlzeitenverhalten des Mitarbeiters in den vergangenen zwei Jahren berücksichtigen und differenziert betrachten
- Überblick über Fehlzeitenlage verschaffen. Treten Fehlzeiten in Zusammenhang auf mit:
  - Wochenenden
  - Urlaub
  - Feiertagen
  - Besonderen privaten Ereignissen
- Trägt das Arbeitsumfeld des Mitarbeiters zu den Fehlzeiten bei? Zum Beispiel durch:
  - Zusammensetzung der Arbeitsgruppe
  - Physische Einflüsse
  - Psychische Einflüsse
  - Vorgesetztenverhalten etc.
- Trägt eine Differenz zwischen dem Anforderungsprofil der Stelle und dem Qualifikationsprofil des Mitarbeiters zu den Fehlzeiten bei?
  - Wenn ja: Kann diese durch Schulungsmaßnahmen ausgeglichen werden?
  - Wenn nein: Kann der Mitarbeiter auf eine andere Stelle versetzt werden?
- Soweit bekannt, das private und gesellschaftliche Umfeld des Mitarbeiters vor Augen führen, insbesondere
  - Private Schicksalsschläge
  - Temporäre private Belastungen
  - Nebenbeschäftigungen
- Rechtzeitige Gesprächseinladung an den Mitarbeiter (1 Tag vor der Gesprächsdurchführung) mit Nennung des Gesprächsanlasses
- Evtl. Gesprächseinladung an Betriebsrat und/oder einen Mitarbeiter der Personalabteilung
- Vorbereiten auf:
  - Verbesserungsvorschläge für den Mitarbeiter
  - Realistische Zielvereinbarungen
  - Nennung der rechtlichen Konsequenzen für den Mitarbeiter

14.4 Gesprächskonzept

- Psychologische Gesprächsvorbereitung vornehmen
- Für ungestörte Gesprächsatmosphäre sorgen

Gesprächsdurchführung

Eröffnung
- Begrüßung des Mitarbeiters
- In kurzer Form den Kontakt auf der Beziehungsebene herstellen
- Freundliche, offene aber bestimmte Gesprächsatmosphäre herstellen

Darstellung des Anlasses
- Mitarbeiter unterrichten, daß sein Fehlzeitenverhalten aufgefallen ist und es sich als problematisch darstellt

Kerngespräch
- Bei der Darstellung des Fehlzeitenproblems stützen auf:
  - Detaillierte Auswertungen der Personalabteilung
  - Persönliche Gesprächsnotizen aus vorangegangenen Gesprächen
- Dabei achten auf:
  - Konstruktive und sachliche Gesprächsatmosphäre
  - Sendung von „Ich-Botschaften"
  - Reversibilität der Gesprächsführung
- Deutlicher Hinweis auf Auffälligkeiten im Fehlzeitenverhalten (Wochenenden, Feiertage etc.)
- Mitarbeiter befragen:
  - Ob er das Problem erkennt und dem folgen kann
  - Ob die Auffälligkeiten im Fehlzeitenverhalten nur Zufall sind
  - Nach dem derzeitigen Befinden
  - Nach vollständiger Genesung bzw. Rehabilitation
  - Zusammenhang zwischen Krankheit und Arbeitsplatz bzw. Arbeitsumgebung
- Dem Mitarbeiter offene Fragen stellen und ausreichend Zeit zur Beantwortung lassen
- Bei der Beantwortung der Fragen durch den Mitarbeiter Aktiv Zuhören
- Deutlicher Hinweis auf:

- Folgen der Fehlzeiten für die Unternehmung (liegengebliebene Arbeit, Personalreserve, Auftragsverzicht etc.)
- Kosten, die dem Unternehmen durch Fehlzeiten entstehen
• Gemeinsame Erörterung des Problems und der Lösungsansätze. Hierbei den Mitarbeiter befragen nach:
  - Seiner Einschätzung hinsichtlich des zukünftigen Fehlzeitenverhaltens
  - Umsetzungsmöglichkeiten auf einen Arbeitsplatz, der dem Mitarbeiter hinsichtlich des Anforderungsprofils entgegenkommt
  - Temporäre Umsetzung auf einen Schonarbeitsplatz
• Falls Zusammenhang zwischen Fehlzeiten und Arbeitsplatz oder -umgebung vom Mitarbeiter angeführt werden, Hilfen anbieten bzw. Abhilfe gemeinsam erörtern
• Je nach Gesprächsverlauf weitere Lösungsansätze einbeziehen. Zum Beispiel:
  - Schulungsmaßnahmen, da fehlende Kenntnisse und Fertigkeiten im Laufe der Zeit durch die Differenz zwischen den tatsächlichen und den in der Stellenbezeichnung genannten Arbeitsplatzanforderungen entstehen können
  - Einbindung des werksärztlichen Dienstes
  - Einbindung eines Suchtbeauftragten, falls ein Suchtproblem vorliegt etc.
• Den Mitarbeiter keine Lösungsvorschläge oktroyieren. Bestenfalls ihn davon überzeugen, aber nicht überreden. Andernfalls sind Lösungsansätze von vornherein zum Scheitern verurteilt
• Je nach Einsicht und Verhalten des Mitarbeiters und Ausmaß der Fehlzeiten, rechtliche Konsequenzen aufzeigen

Abschluß
• Wesentliches des Gespräches wiederholen und zusammenfassen
• Hinweis auf schriftliche Fixierung des Gesprächsinhaltes, insbesondere der Lösungsansätze
• Weitere Gesprächstermine festlegen, um die Auswirkungen des Gespräches zu erörtern bzw., um einen sachverständigen Dritten zu Rate zu ziehen
• Termine für Hilfen bzw. Veränderungen am Arbeitsplatz, Schulungsmaßnahmen etc. festlegen
• Für die Offenheit des Mitarbeiters danken

14.4 Gesprächskonzept

- Viel Erfolg bei der Änderung des Fehlzeitenverhaltens wünschen
- Gespräch in positiver Atmosphäre beenden

Gesprächsauswertung
- Gesprächsinhalte schriftlich fixieren, insbesondere Lösungsansätze. Nach Anfertigung des Schriftstückes, dieses vom Mitarbeiter gegenzeichnen lassen, damit dieser den Inhalt kennt und nicht im nachhinein überrascht wird.
- Kopie der Aufzeichnung an den Mitarbeiter und an die Personalabteilung
- Zugesagte Hilfen und Schulungsmaßnahmen in die Wege leiten
- Weitere Gesprächstermine notieren
- Weiteres Fehlzeitenverhalten des Mitarbeiters im Auge behalten
- Persönliche Gesprächsauswertung vornehmen

15. Abschlußgespräch

15.1 Gesprächspartner und Gesprächstermin

Ziel des Abschlußgespräches ist es in erster Linie, die tatsächlichen Gründe des Mitarbeiters, die zu einer Kündigung führten, zu ermitteln. Austrittsinterviews werden zum Teil auch getätigt, um Mitarbeiter umzustimmen oder zurückzuholen und um Imagepflege zu betreiben. In der vorliegenden Ausführung sollen diese Gründe jedoch nicht behandelt werden. Es ist davon auszugehen, daß die Kündigung des Mitarbeiters unumstößlich feststeht und nun das Unternehmen an den wahren Kündigungsgründen interessiert ist. Die Zielgruppe des Abschlußgespräches sind demnach Mitarbeiter, die von sich aus gekündigt haben und nicht gekündigt wurden bzw. durch natürliche Fluktuation (Pensionierung, Mutterschutz usw.) aus dem Unternehmen ausscheiden. Bei der Vorbereitung zum Abschlußgespräch ist zunächst zu entscheiden, wer das Gespräch führt. Möglich ist, daß der direkte Vorgesetzte das Abschlußgespräch mit dem Mitarbeiter führt. Günstiger erscheint es jedoch, wenn die Durchführung von der Personalabteilung vorgenommen wird und nicht vom Vorgesetzten des kündigenden Mitarbeiters. Diese Vorgehensweise ist deshalb vorteilhafter, da der Kündigungsgrund auch in der Person des Vorgesetzten liegen kann. Sollte dieser das Abschlußgespräch selbst führen, so ist anzunehmen, daß der Mitarbeiter diese Gründe eher verschweigt bzw. fadenscheinige Gründe vorgibt. Sollte der Kündigende dennoch Gründe, die in der Person des Vorgesetzten liegen angeben, so besteht die Gefahr, daß dieser bei der Weitergabe der Informationen die Gründe aus Selbstschutz im eigenen Interesse „filtert". Weiterhin ist der Termin der Gesprächsdurchführung für die Wahrheitsfindung von Bedeutung. Sollte der Mitarbeiter Befürchtungen (begründet oder unbegründet) haben, daß ihm aus seiner Offenheit Nachteile entstehen, so wird er sich bei seinen Ausführungen zurückhalten. Deshalb ist es von Vorteil, wenn Gesprächstermine erst gegen Ende der Kündigungsfrist und nach der Zeugniserstellung bzw. nach der Abwicklung verwaltungstechnischer Angelegenheiten (Rückgabe firmeneigener Gegenstände usw.) gelegt werden. Teilweise wird auch empfohlen, das Gespräch erst nach dem Ausscheiden des Mitarbeiters aus dem Unternehmen zu führen, um den genannten Befürchtungen vorzubeugen.

15.2 Formen der Gesprächsdurchführung

Zu der Vorbereitung gehört ebenso die Überlegung, wie man das Abschlußgespräch durchführt. Im Prinzip steht bei dieser Überlegung dieselbe Problematik im Vordergrund, wie bei dem Einstellungsgespräch. Denkbar ist hierbei die freie Gesprächsführung (es werden keine Gesprächsinhalte festgelegt). Außerdem besteht die Möglichkeit der Halbstandardisierung (ein Teil der Gesprächsinhalte ist vorgegeben) und der Standardisierung (Fragen und Antwortvorgaben sind nach Inhalt und Reihenfolge festgelegt). Eine Standardisierung der Interviews stellt die Vollständigkeit der Fragen sicher und verhindert, daß der Mitarbeiter nur über Themen spricht, die ihm am Herzen liegen. Eine Standardisierung enthält auch eine Vereinheitlichung der Fragen und Fragestellungen. Die Entscheidung für die eine oder andere Art der Gesprächsdurchführung ist vom Unternehmen individuell zu treffen und abhängig von der Unternehmensgröße bzw. von der Häufigkeit, der zu führenden Abschlußgespräche. Vor- bzw. Nachteile liegen im Vorbereitungsaufwand und in der Auswertung der Gesprächsergebnisse. Weiterhin bleibt zu hinterfragen, ob das standardisierte Gespräch zur Wahrheitsfindung beiträgt. Beim Befragten könnte rasch der Eindruck entstehen, daß es sich bei diesem Gespräch nur um eine Routinearbeit der Personalabteilung handelt und kein ernsthaftes Interesse an der Wahrheitsfindung besteht. Die Individualität des Mitarbeiters und seine persönlichen Probleme am Arbeitsplatz werden nicht in ausreichendem Maße berücksichtigt.

Eine Möglichkeit der Gesprächsdurchführung liegt in dem kombinierten Verfahren. Es handelt sich hierbei um eine Kombination zwischen dem teilstandardisierten und dem standardisierten Verfahren. Sie sieht einerseits eine Gesprächsdurchführung, die am Befragten orientiert ist vor. Andererseits sichert die Auswertung des verwendeten Erhebungsbogens eine relativ hohe Vergleichbarkeit der Ergebnisse.

15.3 Kombinierte Gesprächsdurchführung

Der erste Teil des kombinierten Verfahrens sieht ein teilstandardisiertes Gespräch zwischen den Gesprächspartnern vor. Der Mitarbeiter der Personalabteilung eröffnet das Gespräch und nennt den Gesprächsanlaß. Er sollte sich bemühen in der Anfangsphase eine positive Gesprächsatmosphäre zu schaffen und den Kontakt auf der emotionalen Ebene herzustellen. Das Gespräch darf für den Kündigenden keinesfalls als Verhör oder Prüfungssituation empfunden werden. Nach einer „Anwärm-Phase" ist der Mitarbeiter zu einem hemmungsfreien Gespräch zu motivieren, wobei verschiedene Kommunikationstechniken zum Einsatz kommen sollten, um eine freie Meinungsäußerung bzw. den Dialog zu fördern. Hierbei kann es sich um verschiedene Fragetechniken, das Aktive Zuhören und um die Beachtung eines mitarbeiterorientierten Gesprächsstils handeln. Es ist vom Vorgesetzten darauf zu achten, daß Fragen, die den Befragten persönlich betreffen, erst dann gestellt werden sollten, nachdem sich eine offene und entspannte Atmosphäre zwischen beiden Kommunikationspartnern etablieren ließ. Während der Gesprächsdurchführung sollte der Gesprächsführende der Arbeitgeberseite Notizen fertigen. Um die gewonnenen Informationen nicht unbewußt zu verzerren, ist es ratsam, daß der Interviewer den Befragten als Person grundsätzlich akzeptiert und auch dessen Antworten. Diese Akzeptanz wird sich positiv auf die Gesprächsatmosphäre auswirken. Der zweite Teil des Abschlußgespräches besteht aus dem Beantworten eines Erhebungsbogens vom Kündigenden. Hierbei handelt es sich um eine Vergleichsskala mit Punktwerten von 1 (sehr gering) bis 7 (sehr hoch) im Sinne eines Polaritätsprofils. Der Interviewte soll zum einen seine Erfahrungen in der bisherigen Stelle und zum anderen seine Erwartungen an die künftige Stelle eintragen. Der Zeitpunkt, wann der Bogen ausgefüllt werden soll, ist vom Gesprächsverlauf abhängig und individuell zu bestimmen. Der dritte Teil besteht aus einer Diskussion, wobei die Vergleichsskala als Grundlage bzw. Leitfaden heranzuziehen ist. Zusätzliche Informationen des

Kündigenden sollten protokolliert und als Ergänzungen des Erhebungsbogens herangezogen werden.

15.4 Auswertung der Gesprächsergebnisse

Die Auswertung des Abschlußgespräches besteht zunächst darin, daß der Interviewer seine Notizen, die er während der Gesprächsdurchführung angefertigt hat aufbereitet und damit die Angaben des Erhebungsbogens ergänzt. Die Handhabung der erhobenen Daten sind von Unternehmen zu Unternehmen unterschiedlich. Sinnvoll ist, die Daten der Austrittsgespräche zu sammeln, zu katalogisieren und zu vergleichen und somit festzustellen, ob genannte Austrittsgründe gehäuft auftreten. Sollte dies der Fall sein, so sollte von der Unternehmensführung überlegt werden, wie man diese Fluktuationsgründe beseitigen kann. Sollte z. B. mehrfach das geringe Entgelt als Austrittsgrund genannt werden, so erscheint es ratsam, das Gehaltsgefüge im Unternehmen neu zu überdenken. Möglich wären auch personelle Veränderungen, falls wiederholt das Verhalten eines Vorgesetzten, einer bestimmten Arbeitsgruppe oder eines Kollegen als Kündigungsgrund angegeben wird. Denkbar ist ebenso, daß bei der Einstellung neuer Mitarbeiter auf bestimmte Charaktereigenschaften, Verhaltensweisen oder sonstigen Eintrittsvoraussetzungen geachtet wird. Damit kann erreicht werden, daß bestimmte Fluktuationsgründe weitgehend von vornherein ausgegrenzt werden. Dies wäre beispielsweise der Fall, wenn ein Unternehmen keine Auszubildenden mehr mit Abitur einstellt, da als Austrittsgrund in der vergangenen Zeit des öfteren ein Studienbeginn angegeben wurde.

Inwieweit die angegeben Kündigungsgründe tatsächlich der Wahrheit entsprechen, ist jedoch kaum herauszufinden. Um Fehler in der Gesprächsdurchführung bei weiteren Abschlußgesprächen zu vermeiden, hat eine persönliche Gesprächsauswertung stattzufinden.

15.5 Gesprächskonzept

Gesprächsvorbereitung

- Gesprächspartner auf der Arbeitgeberseite festlegen:
  - Direkter Vorgesetzter oder
  - Mitarbeiter der Personalabteilung
- Gesprächsziel festlegen:
  - Wahre Gründe der Kündigung herausfinden
  - Den Mitarbeiter zum Bleiben zu überreden
  - Imagepflege usw.
- Gesprächstermin festlegen
- Form der Gesprächsdurchführung festlegen
- Gesprächstermin und -grund dem Mitarbeiter rechtzeitig mitteilen
- Für ungestörte Gesprächsatmosphäre sorgen

Gesprächsdurchführung

Eröffnung

- Begrüßung des Mitarbeiters
- Kontakt auf der Beziehungsebene herstellen
- Dank aussprechen, daß der Mitarbeiter sich zum Gespräch bereiterklärt
- Hinweis darauf, daß dem Mitarbeiter keine Nachteile aus dem Gespräch entstehen

Darstellung des Anlasses

- Gesprächsanlaß nennen
- Gesprächsziel nennen
- Auf Wichtigkeit des Gespräches hinweisen

Kerngespräch

- Mit „Anwärm-Phase" beginnen
- Persönliche Fragen erst stellen, wenn persönliche Beziehung zwischen den Gesprächspartnern entstanden ist und positive Gesprächsatmosphäre herrscht
- Notizen fertigen, um Aussagen des Mitarbeiters später nicht zu verzerren

- Redeanteil gering halten und:
  - Aktiv zuhören
  - Fragetechniken beachten
  - Gesprächsstil beachten
  - Dialog fördern
- Ständig bewußtmachen, daß die Bereitschaft des Mitarbeiters Fragen zu beantworten von der Gesprächsatmosphäre und vom Kontakt auf der Beziehungsebene abhängt
- Den Mitarbeiter als Person akzeptieren und somit auch seine Aussagen; Wahrnehmungsfehler bewußtmachen
- Werden zusätzlich Erhebungsbogen benutzt, diese erst nach einem Einleitungsgespräch vom Mitarbeiter ausfüllen lassen. Anschließend Diskussion weiterführen und den Bogen als Grundlage nutzen

Abschluß
- Für die Auskunftswilligkeit beim Mitarbeiter bedanken
- Ihm alles Gute für die Zukunft und den neuen Arbeitsplatz wünschen
- Gespräch positiv beenden

Gesprächsauswertung
- Gesprächsnotizen und Erhebungsbogen auswerten. Daten:
  - Sammeln
  - Katalogisieren
  - Vergleichen
- Schwachstellen im Unternehmen herausfinden
- Schwachstellen nach Möglichkeit beseitigen:
  - Organisatorisch
  - Technisch
  - Personell
- Konsequenzen aus den erhobenen Daten ziehen (z. B. in bezug auf Neueinstellungen)
- Persönliche Gesprächsauswertung vornehmen

15.6 Gesprächsbeispiel

Gesprächseröffnung

Mitarbeiter Personalabt.: „Guten Tag, Frau Schulz".
Mitarbeiterin: „Guten Tag, Herr Müller".
Mitarbeiter Personalabt.: „Nehmen Sie doch bitte Platz. Ich möchte mich zunächst bei Ihnen bedanken, daß Sie sich bereiterklärt haben, an diesem Gespräch teilzunehmen und versichere Ihnen, daß Ihnen aus Ihrer Offenheit keinerlei Nachteile entstehen."

Erläuterung
Der Erfolg des Abschlußgespräches ist unter anderem abhängig von dem Kontakt auf der Beziehungsebene. Der Redeanteil des Mitarbeiters der Personalabteilung ist situationsgerecht umfangreich. Er sorgt für eine angenehme Gesprächsatmosphäre, indem er die Mitarbeiterin mit Namen begrüßt, ihr einen Sitzplatz anbietet und sich für die Bereitschaft zum Gespräch bedankt. Um eine ehrliche Stellungnahme der Mitarbeiterin zu erhalten, wird die Gesprächseröffnung mit einem Hinweis, daß ihr aus dem Gespräch keine Nachteile entstehen, beendet. Auf die non-verbalen Verhaltensweisen ist unbedingt zu achten, da sie im wesentlichen zur Gesprächsatmosphäre beitragen.

Darstellung des Gesprächsanlasses

Mitarbeiter Personalabt.: „Uns geht es in diesem Gespräch darum, Ihre ehrliche Meinung über das Unternehmen zu erfragen und herauszufinden, warum Sie es verlassen. Wir sind deshalb auf Ihre Ehrlichkeit angewiesen, damit wir Gründe, die zu Ihrer Kündigung führten, falls sie in unserem Unternehmen liegen, beseitigen können. Zugegebenermaßen werden Sie davon nichts mehr haben, aber Ihre Kollegen werden Ihnen sicherlich dankbar sein, wenn Sie uns die tatsächlichen Gründe, die zu Ihrer Kündigung führten, offen nennen und wir somit vorhandene Schwachstellen im Unternehmen erkennen und beseitigen können. Frau Schulz, kann ich Ihnen zunächst eine Tasse Kaffee anbieten?"
Mitarbeiterin: „Ja, gerne".

15. Abschlußgespräch

Erläuterung

In dieser Phase stellt der Mitarbeiter der Personalabteilung offen den Grund des Gespräches dar und weist auf seine Wichtigkeit hin. Er stellt den Anlaß direkt und ehrlich dar, um auch bei der Mitarbeiterin einen Prozeß der Offenheit zu erreichen. Durch Nennung des Gesprächsziels wird sichergestellt, daß beide Gesprächspartner effektiv und zielstrebig miteinander kommunizieren.

Kerngespräch

Mitarbeiter Personalabt.: „Seien Sie doch bitte so nett und schildern mir, worin Sie Ihre Aufgaben im Unternehmen gesehen haben".

Mitarbeiterin: „Also, ich war zuständig für die schriftliche Korrespondenz der Buchhaltung. Die Sachbearbeiter haben die zu schreibenden Briefe auf Band diktiert und zu mir ins Schreibzimmer gebracht. Ich habe dann anschließend die Bänder abgehört und den Text zu Papier gebracht".

Mitarbeiter Personalabt.: „Für wieviel Buchhalter haben Sie denn Schreiben angefertigt?"

Mitarbeiterin: „Das ist es ja gerade. Als ich im Unternehmen vor fünf Jahren angefangen habe, da waren es noch vier Buchhalter, das bedeutet, die Anzahl der Briefe war noch relativ gering".

Mitarbeiter Personalabt.: „Und für wieviel Buchhalter schreiben Sie heute die Briefe?"

Mitarbeiterin: „Heute sind es bereits sieben Buchhalter. Und ich schreibe die gesamten Briefe immer noch allein. Wissen Sie, nicht daß ich das nicht geschafft hätte, aber mein Gehalt ist immer noch das gleiche geblieben in all den Jahren".

Mitarbeiter Personalabt.: „Wenn ich Sie richtig verstehe, geht es Ihnen also weniger um den gestiegenen Arbeitsanfall, als um die Gehaltshöhe".

Mitarbeiterin: „Ja, sehen Sie sich doch mal meine Kolleginnen aus dem Kundendienst an. Die haben ungefähr die Hälfte meiner Arbeit, aber haben die gleiche Gehaltsgruppe wie ich".

Mitarbeiter Personalabt.: „Haben Sie sich über dieses Problem einmal mit Ihrem Vorgesetzten unterhalten?"

Mitarbeiterin: „Ja, aber der meinte nur, daß die Gehaltsgruppen nun mal so festgelegt sind und er daran nichts ändern kann. Und für

eine Aushilfskraft, die mir einige Arbeit abnimmt, sieht er keine Veranlassung, da ich die Arbeit ja auch allein schaffe".
Mitarbeiter Personalabt.: „Über diese Antwort waren Sie sicherlich enttäuscht".
Mitarbeiterin: „Ja, daraufhin habe ich mich bei anderen Unternehmen beworben und festgestellt, daß ich mit meiner Qualifikation viel mehr verdienen kann. Ich kann nämlich nicht nur Schreibmaschine schreiben, sondern auch stenographieren. Aber das wird ja hier im Unternehmen nicht honoriert".
Mitarbeiter Personalabt.: „Bestand denn nicht die Möglichkeit der internen Versetzung, evtl. auf einen Platz, auf dem Sie Ihre Fertigkeiten und Kenntnisse hätten anwenden können?"
Mitarbeiterin: „Angeblich nicht, da diese Stellen alle besetzt waren und das voraussichtlich für die nächsten Jahre. Aber nun ist es eh zu spät, nun habe ich mich ja bereits entschieden."

Erläuterung
Die Frage nach dem Aufgabengebiet der Mitarbeiterin, ist weniger unter dem Aspekt des Informationsaustausches zu sehen, sondern vielmehr als „Aufwärm"-Phase zu betrachten und führt zum eigentlichen Kerngespräch hin. Durch Nachfragen des Mitarbeiters der Personalabteilung bekundet er, daß er aktiv zuhört und mehr von der Mitarbeiterin erfahren möchte. Dabei hält er seinen Redeanteil gering. Mit dieser Fragetechnik gelingt es ihm, den eigentlichen Kündigungsgrund in Erfahrung zu bringen. Durch eine klärende Frage verschafft er sich Gewißheit, daß er diesen Grund richtig interpretiert hat. Über Nachfragen versucht er herauszufinden, ob die Kündigung hätte verhindert werden können. Anhand der Aussage der Mitarbeiterin ist zu erkennen, daß der Kündigungsgrund in der starren Gehaltsstruktur des Unternehmens zu sehen ist. Durch die Frage nach der Enttäuschung der Mitarbeiterin, wiederholt er den emotionalen Gehalt der Aussage mit eigenen Worten (verbalisieren). Im Verlauf des Gespräches erfährt der Mitarbeiter der Personalabteilung, daß ein weiterer Kündigungsgrund vorliegt, da die Mitarbeiterin nicht ihrer Qualifikation entsprechend im Unternehmen eingesetzt wurde. Erneutes Nachfragen gibt Aufschluß, daß eine interne Versetzung, aufgrund fehlender Stellenplätze nicht möglich war. Die Technik des aktiven Zuhörens nimmt in diesem Gespräch großen Raum ein, da

der Mitarbeiter der Personalabteilung damit bekundet, daß er sich voll und ganz auf das Gespräch konzentriert und sich in die Lage der kündigenden Mitarbeiterin versetzen kann.

Gesprächsabschluß
Mitarbeiter Personalabt.: „Frau Schulz, es tut mir natürlich leid, wie diese Sache für Sie gelaufen ist. Mir war bis heute nicht bewußt, daß es solche Unterschiede in den einzelnen Schreibzimmern bezüglich des Arbeitsanfalls gibt. Das ist ein Problem, um das wir uns verstärkt kümmern müssen, damit uns nicht noch weitere gute Mitarbeiterinnen verlassen".
Mitarbeiterin: „Dann hätten ja wenigstens meine Kolleginnen etwas davon".
Mitarbeiter Personalabt.: „Frau Schulz, dann bleibt mir nur noch mich für Ihre Offenheit zu bedanken, und ich wünsche Ihnen für die Zukunft alles Gute und viel Erfolg in Ihrer neuen Arbeitsstelle. Auf Wiedersehen".
Mitarbeiterin: „Vielen Dank, auf Wiedersehen".

Erläuterung
Indem der Mitarbeiter der Personalabteilung sein Bedauern zum Ausdruck bringt und darauf hinweist, daß er sich dieser Problematik annimmt, gibt er der Mitarbeiterin das Gefühl, daß das Gespräch nutzbringend war. Er beendet das Gespräch positiv mit einem Dank an die Mitarbeiterin und wünscht ihr viel Erfolg.

Literaturverzeichnis

Andreas, Klaus/Hoppe, Heinz: Der Abgangsfragebogen in der Praxis. Inhalt, Einsatz und Erfahrungen. In: *Personal,* 34. Jg. (1982), Heft 5, S. 190–194.

Ammelburg, Gerd: Handbuch der Gesprächsführung. Bessere Techniken für Rede und Diskussion – Konferenz und Versammlungsleitung – Gesprächspraxis in Verhandlung und Verkauf. Frankfurt/New York: Herder 1974.

Arbeitsgesetze: mit den wichtigsten Bestimmungen zum Arbeitsverhältnis, Kündigungs-, Arbeitsschutz-, Berufsbildungs-, Tarif-, Betriebsverfassungs-, Mitbestimmungs- und Verfahrensrecht. 56., neubearb. Aufl. Stand 15. Juni 1999. München: dtv 1999 (5006).

Bay, Rolf H.: Erfolgreiche Gespräche durch aktives Zuhören. Ehningen: expert 1988.

Bellgardt, Peter: Recht und Taktik des Bewerbergesprächs. In: Arbeitshefte Personalwesen. Hrsg. v. Ekkehard Crisand u. a. 2., völlig neubearb. und erw. Aufl. von „Rechtsprobleme des Bewerbergesprächs", Band 1. Heidelberg: Sauer 1992.

Bischof, Klaus: Jeder gewinnt – Die Methoden erfolgreicher Gesprächsführung. Planegg/München: Wirtschaft, Recht und Steuern 1991.

Brox, Hans: Arbeitsrecht. 10., neubearb. Aufl. Stuttgart/Berlin/Köln: Kohlhammer 1991.

Brunner, Rolf K.: Kritisieren, aber richtig. Das aufbauende Kritikgespräch als Führungsmittel im Unternehmen. Kissingen: Weka 1980.

Crisand, Ekkehard: Psychologie der Gesprächsführung. In: Arbeitshefte Führungspsychologie. Hrsg. v. Werner Bienert und Ekkehard Crisand. 4., unveränd. Aufl., Band 11. Heidelberg: Sauer 1992.

Crisand, Ekkehard/Kiepe, Klaus: Das Gespräch in der betrieblichen Praxis. In: Arbeitshefte Führungspsychologie. Hrsg. v. Werner Bienert und Ekkehard Crisand. Band 18. Heidelberg: Sauer 1991.

Crisand, Ekkehard/Pitzek, Andrea: Das Sachgespräch als Führungsinstrument. Gesprächspsychologische Grundsätze. In: Arbeitshefte Führungspsychologie. Hrsg. v. Werner Bienert und Ekkehard Crisand. Band 20. Heidelberg: Sauer 1993.

Domsch, Michel/ Gerpott, Torsten J.: Personalbeurteilung. In: Handwörterbuch des Personalwesens. Hrsg. v. Eduard Gaugler und Wolfgang Weber.

2., neubearb. und erg. Aufl. Stuttgart: Schaeffer-Poeschel 1992, Sp. 1631–1641.

Dunkel, Dieter: Mitarbeiterbeurteilung und Mitarbeitergespräch. Hrsg. v. Wolfgang Wittwer. Ehningen: expert; Stuttgart: Taylorix 1989.

Dutfield, Mike/Eling, Chris: Gesprächsführung für Manager. Mitarbeiter kompetent beraten und beurteilen (The Communicating Manager, deutsch). Deutsche Übersetzung von Maria Beck. Frankfurt/New York: Campus 1993.

Ebert, Günter: Unternehmensführung. In: Kompendium der Betriebswirtschaftslehre. Hrsg. v. Uwe Bestmann. 5., überarb. und erw. Aufl. München/Wien: Oldenbourg 1990, S. 98.

Eckardstein, Dudo von/Schnellinger, Franz: Betriebliche Personalpolitik. 3., überarb. und erg. Aufl. München: Vahlen 1978, S. 313 f.

Finzer, Peter/Mungenast, Matthias: Personalauswahl. In: Handwörterbuch des Personalwesens. Hrsg. v. Eduard Gaugler und Wolfgang Weber. 2., neubearb. und erg. Aufl. Stuttgart: Schaeffer-Poeschel 1992, Sp. 1583–1596.

Flügel, Lothar: Mitarbeitergespräch. Ein Continuous Improvement Process im Bereich der Mitarbeiterführung. In: Personalführung, 26. Jg. (1993), Heft 5, S. 408–415.

Golas, Heinz G.: Berufs- und Arbeitspädagogik für Ausbilder. Band 1: Grundfragen der Berufsbildung; Planung und Durchführung der Ausbildung. 7., überarb. u. erw. Aufl. Düsseldorf: Cornelsen Girardet 1992.

Golas, Heinz G.: Der Mitarbeiter. Ein Lehrbuch für Personalführung, Betriebssoziologie und Arbeitsrecht. 7., aktualisierte Aufl. Düsseldorf: Cornelsen Girardet 1990.

Golas, Heinz G./Stern, Martin/Voß, Peter: Betriebswirtschaftslehre für die Aus- und Weiterbildung in Schule und Beruf. 4., erw. Aufl. Rinteln: Merkur 1992.

Hanau, Peter/Adomeit, Klaus: Arbeitsrecht. 10., neubearb. Aufl. Neuwied/Kriftel/Berlin: Metzner/Luchterhand 1992.

Harlander, Norbert: Führen durch Gespräche. Eine Anleitung für erfolgreiche Gespräche und Besprechungen im Betrieb. 2. Aufl. Köln: Betriebswirtschaftliche Beratungsstelle für den Einzelhandel 1977.

Hentze, Joachim: Personalwirtschaftslehre 1. Grundlagen, Personalbedarfsermittlung, -beschaffung, -entwicklung und -einsatz. 5., überarb. Aufl. Bern/Stuttgart: Haupt 1991.

Hornthal, Steffen: Das Bewerberinterview. Praktische Hinweise zur Verbesserung des Interviews mittels Arbeitsproben und Tätigkeitssimulationen. In: *Personal,* 37. Jg. (1985), Heft 1, S. 26–30.

Huber, Karl Heinz: Einführungsprogramme für neue Mitarbeiter. In: Handwörterbuch des Personalwesens. Hrsg. v. Eduard Gaugler und Wolfgang Weber. 2., neubearb. und erg. Aufl. Stuttgart: Schaeffer-Poeschel 1992, Sp. 763–773.

Kelber, Magdar: Gesprächsführung. Informieren –Diskutieren – Beschließen. 12., überarb. u. erw. Aufl. von „Fibel der Gesprächsführung". Opladen: Leske und Budrich 1977.

Kellogg, Marion: Führungsgespräche mit Mitarbeitern. 2. Aufl. München: Moderne Industrie 1972.

Kempe, Hans-Joachim/Kramer, Rolf: Tips für Mitarbeitergespräche. Mitarbeiter informieren, interessieren, motivieren und korrigieren. 4., überarb. Aufl. Bergisch Gladbach: Heider 1991.

Knebel, Heinz: Taschenbuch für Bewerberauslese. 5., überarb. Aufl. Heidelberg: Sauer 1987.

Kühlmann, Torsten M.: Vertrauen – ein Schlüssel zum erfolgreichen Mitarbeitergespräch. In: *Personal,* 36. Jg. (1984), Heft 7, S. 279–281.

Leicher, Rolf: So führt man Kritikgespräche richtig. Grafenau: expert 1984.

Ling, Bernhard: Mitarbeiterberatung. In:Handwörterbuch des Personalwesens. Hrsg. v. Eduard Gaugler und Wolfgang Weber. 2., neubearb. und erg. Aufl. Stuttgart: Schaeffer-Poeschel 1992, Sp. 1388–1399.

Maeck, Horst: Das zielbezogene Gespräch. Erfolg in Beruf und Alltag. 2., erw. Aufl. Düsseldorf: VDI 1990.

Marr, Rainer: Absentismus. Der schleichende Verlust an Wettbewerbspotential. Göttingen: Verl. Für Angewandte Psychologie 1996

Mayrthaler, William: Das Austrittsinterview. Vorschlag für ein kombiniertes Verfahren. In: *Personal,* 39. Jg. (1987), Heft 2, S. 71–74.

Mayrthaler, William: Techniken für eine erfolgreiche Gesprächsführung. In: *Personal,* 40. Jg. (1988), Heft 6, S. 221–222.

Neuberger, Oswald: Das Mitarbeitergespräch. Persönlicher Informationsaustausch im Betrieb. Goch: Neues-Lernen 1980.

Neuhäuser-Metternich, Sylvia: Kommunikation im Berufsalltag. Verstehen und verstanden werden. München: dtv 1994.

Oechsler, Walter A.: Personal und Arbeit. Einführung in die Personalwirtschaft unter Einbeziehung des Arbeitsrechts. 4., überarb. u. erw. Aufl. München/Wien: Oldenbourg 1992.

Olfert, Klaus/Steinbuch, Pitter A.: Personalwirtschaft. Kompendium der praktischen Betriebswirtschaft. Hrsg. v. Klaus Olfert. 4., überarb. u. erw. Aufl. Ludwigshafen (Rhein): Kiehl 1990.

Pullig, Karl-Klaus: Das Abgangs-(Austritts-)Interview als Instrument der Personalführung. In: *Personal,* 38. Jg. (1986), Heft 1, S. 22–25.

Pullig, Karl-Klaus/Oelschläger, Thomas: Was nützen Austrittsinterviews? Ergebnisse einer Telefonumfrage bei 35 größeren Unternehmen der Bundesrepublik Deutschland. In: *Personal,* 42. Jg. (1990), Heft 8, S. 310–313.

Rischar, Klaus: Schwierige Mitarbeitergespräche erfolgreich führen. 2. Aufl. München: Moderne Verlagsgesellschaft 1991.

Sabel, Herbert: Mitarbeitergespräche: Problemlösungen im „Prozeß der Offenheit". In: Personalführung, 26. Jg. (1993), Heft 4, S. 320–325.

Sabel, Herbert: Sprechen Sie mit Ihren Mitarbeitern. Die Kunst, Mitarbeitergespräche erfolgreich zu führen, Signale im Gespräch zu erkennen und mit Konfliktsituationen umzugehen. Bamberg: Bayerische Verlags-Anstalt 1993.

Saul, Siegmar: Das Gespräch als Führungsinstrument. Mitarbeitergespräche – Besprechungen – Vorträge. Hrsg. v. Bundesarbeitgeberverband Chemie e. V. 3., überarb. Aufl. Heidelberg: Haefner 1991.

Saul, Siegmar: Führen durch Kommunikation. Gespräche mit Mitarbeiterinnen und Mitarbeitern. Weinheim/Basel: Beltz 1993.

Schaufelberger, Michael: Personalgespräch. In: Handwörterbuch des Personalwesens. Hrsg. v. Eduard Gaugler und Wolfgang Weber. 2., neubearb. und erg. Aufl. Stuttgart: Schaeffer-Poeschel 1992, Sp. 1700–1711.

Schmilinsky, Michael: Mitarbeitermotivation: Leistungs- oder Führungsgespräche? Probleme und Vorgehensweisen. In: *Personal,* 35. Jg. (1983), Heft 6, S. 233–235.

Scholz, Christian: Personalmangement. Informationsorientierte und verhaltenstheoretische Grundlagen. 3., neubearb. und erw. Aufl. München: Vahlen 1993, S. 258–260.

Schulz von Thun, Friedmann: Miteinander Reden. Störungen und Klärungen. Reinbek: Rowohlt 1981.

Schumacher, Bernd: Führen durch Beurteilen. München: Langen-Müller/Herbig 1985.

Seiwert, Lothar J.: Kommunikation im Unternehmen. In: Handwörterbuch des Personalwesens. Hrsg. v. Eduard Gaugler und Wolfgang Weber. 2., neubearb. und erg. Aufl. Stuttgart: Schaeffer-Poeschel 1992, Sp. 1126–1139.

Spies, Steffen/Beigel, Holger: Einer fehlt, und jeder braucht ihn. Wie Opel die Abwesenheit senkt. 2.erw. Aufl. Wien: C. Ueberreuter 1997

Staehle, Wolfgang H.: Management. Eine verhaltenswissenschaftliche Perspektive. 6., überarb. Aufl. München: Vahlen 1991, S. 408.

Stopp, Udo: Betriebliche Personalwirtschaft. Zeitgemäße Personalwirtschaft – Notwendigkeit für jedes Unternehmen. 18. Aufl. Ehningen: expert; Stuttgart: Taylorix 1992.

Stopp, Udo: Praktische Betriebspsychologie. Probleme und Lösungen. 5. Aufl. Ehningen: expert; Stuttgart: Taylorix 1992.

Stroebe, Rainer W.: Kommunikation I. Grundlagen –Gerüchte – Schriftliche Kommunikation. In: Arbeitshefte Führungspsychologie. Hrsg. v. Werner Bienert und Ekkehard Crisand. 4., überarb. Aufl., Band 5. Heidelberg: Sauer 1991.

Volk, Hartmut: Einführung neuer Mitarbeiter. In: Personalenzyklopädie. Das Wissen über Menschen und Menschenführung in modernen Organisationen. Erster Band: „Abfindung" bis „Erziehung". Unter Mitwirkung namhafter Fachleute aus Wissenschaft und Praxis. München: Moderne Industrie 1977, S. 634–641.

Vollmer, Günther R.: Das Mitarbeitergespräch – eine wirksame Alternative zur Leistungsbeurteilung. In: *Personal,* 36. Jg. (1984), Heft 7, S. 271–274.

Vollmer, Günther R.: Einstellungsinterview: Informationsaufnahme und -verarbeitung. In: *Personal,* 44. Jg. (1992), Heft 2, S. 74 - 76.

Weisbach, Christian-Rainer: Professionelle Gesprächsführung. Ein praxisnahes Lese- und Übungsbuch. 4. Aufl., München: dtv 1992.

Buchanzeigen

Beruf und Karriere

DIE RICHTIGEN BÜCHER FÜR IHREN ERFOLG

Arbeitsrecht

**ArbG ·
Arbeitsgesetze**

mit den wichtigsten Bestimmungen zum Arbeitsverhältnis, KündigungsR, ArbeitsschutzR, BerufsbildungsR, TarifR, BetriebsverfassungsR, MitbestimmungsR und VerfahrensR.

Textausgabe.
57.A.2000. 750 S.
DM 10,90. dtv 5006

Schaub
Arbeitsrecht von A–Z

Aussperrung, Betriebsrat, Gewerkschaften, Gleichbehandlung, Jugendarbeitsschutz, Kündigung, Mitbestimmung, Erziehungsurlaub, Ruhegeld, Streik, Tarifvertrag, Zeugnis u.a.m.

15.A.1998. 983 S.
DM 19,90. dtv 5041

Schaub/Rühle
**Guter Rat
im Arbeitsrecht**

2.A.1998. 819 S.
DM 19,90. dtv 5600

Das Buch zur ZDF-Serie „Wie würden Sie entscheiden?"

Notter/Obenaus/Töpper
**Meine Rechte
am Arbeitsplatz**

Vom Vorstellungsgespräch bis zum Kündigungsschutzprozeß – der Band informiert leicht verständlich über Rechte und Pflichten des Arbeitnehmers.
Mit Originalfällen aus der ZDF-Rechtsserie.

1.A.1997. 286 S. mit 6 Fotos.
DM 15,90. dtv 5664

Beruf und Karriere: Die richtigen Bücher für Ihren Erfolg

Schaub
Meine Rechte und Pflichten als Arbeitnehmer

Anbahnung und Abschluß des Arbeitsvertrages sowie seine Beendigung, Rechte und Pflichten, der Einfluß des Betriebsrats, Betriebsnachfolge, Sonderrechte.

7.A.1997. 583 S.
DM 19,90. dtv 5229

Schulz
Kündigungsschutz im Arbeitsrecht von A–Z

Alle wesentlichen Fragen zum Thema „Kündigung und Kündigungsschutz" in rund 400 Stichwörtern erläutert.

3.A.2000. Rd. 240 S.
Ca. DM 12,90. dtv 5070
In Vorbereitung für 2000

Spinnarke
Arbeitssicherheitsrecht von A–Z

Arbeitsstätte, Berufskrankheit, DIN-Norm, Europäisches ArbeitssicherheitsR, Gefahrstoff, Krebs, Maschinen-Richtlinie, Pflichtübertragung, Richtwert, Sicherheitsfachkraft, Unfallverhütungsvorschrift, Zubereitung.

2.A.1992. 269 S.
DM 12,80. dtv 5055

Wetter
Ärger im Betrieb

Rechtsfragen im Arbeitsverhältnis und bei der Kündigung: Krankheit, Lohnfortzahlung, Mutterschutz, Mitbestimmung des Betriebsrats, Abmahnungen, Kündigung.
Mit Rechtsvorschriften und Mustern.

1.A.1993. 149 S.
DM 9,90. dtv 50606

Schulz
Alles über Arbeitszeugnisse

Arbeitsbescheinigung, Zeugnisarten, Zeugnissprache, Verfahren, Kosten, Haftung.
Mit zahlreichen Mustern.

5.A.1997. 204 S.
DM 10,90. dtv 5280

MitbestG ·
Mitbestimmungsgesetze

in den Unternehmen mit allen Wahlordnungen.

Textausgabe.
5.A.1995. 383 S.
DM 12,90. dtv 5524

Schaub/Kreft
Der Betriebsrat

Aufgaben – Rechte – Pflichten.
Wahl und Organisation des Betriebsrats, Mitbestimmung in sozialen und personellen Angelegenheiten, Beteiligung des Betriebsrats in wirtschaftlichen Angelegenheiten, Verfahren nach dem BetrVG.

7.A.2000. Rd. 540 S.
Ca. DM 16,90. dtv 5202
In Vorbereitung

Wetter
Der richtige Arbeitsvertrag

Die wichtigsten Rechtsfragen bei Vertragsabschluß und späteren Änderungen.

3.A.2000. Rd. 120 S.
Ca. DM 10,90. dtv 50607
In Vorbereitung für 2000
→

Schaub
Meine Rechte und Pflichten im Arbeitsgerichtsverfahren

Klagearten, Klageerhebung, Güteverhandlung, Vertretung durch Anwalt, Rechtsmittel, Vollstreckung, Einstweilige Verfügung, Beschlußverfahren, Kosten.

6.A.1997. 388 S.
DM 14,90. dtv 5205

SGB III · Arbeitsförderung

mit den weitergeltenden Vorschriften des AFG, ArbeitserlaubnisVO, BaubetriebeVO, Winterbau-UmlageVO, AltersteilzeitG und weiteren wichtigen Vorschriften.

Textausgabe.
4.A.2000. 365 S.
DM 17,90. dtv 5597

Then/Denkhaus
Zeitarbeit

Flexibel arbeiten und beschäftigen.

1.A.1994. 111 S.
DM 12,90. dtv 5851

Köbl
Frau und Beruf

Arbeitsrecht für Frauen.

3.A.1995. 473 S.
DM 24,90. dtv 5204

Francke
Berufsausbildung von A–Z

Ausbilder, Arbeitsschutz, Berufsschule, Freistellung, Kündigung, Zeugnis.

4.A.1996. 264 S.
DM 10,90. dtv 5228

BAT · Bundes-Angestelltentarifvertrag

mit Vergütungstarifverträgen, Versorgungs-Tarifverträgen und anderen Tarifverträgen, BundespersonalvertretungsG mit Wahlordnung, Beihilfevorschriften.

Textausgabe.
13.A.1998. 273 S.
DM 12,90. dtv 5553

BAT-O · Bundes-Angestelltentarifvertrag-Ost

Tarifverträge für Angestellte, Arbeiter und Auszubildende. Die Neuauflage berücksichtigt insbesondere die zum 1.1.1997 in Kraft getretene Einführung der Zusatzversorgung im Tarifgebiet Ost.

Textausgabe.
8.A.1998. 319 S.
DM 14,90. dtv 5565

Battis
Öffentliches Dienstrecht von A–Z

Beamtenverhältnis, Besoldung, Versorgung, Ruhestand, Nebentätigkeit, Tarifautonomie, Arbeitsentgelt, Arbeitskampf, Personalrat, Personalversammlung.

5.A.1999. 314 S.
DM 16,90. dtv 5230

Dahm
Das Recht der Angestellten im öffentlichen Dienst (BAT)

Arbeitszeit, Teilzeitbeschäftigung, Beschäftigungszeit, Dienstzeit, Eingruppierung, Urlaubsanspruch, Beendigung des Arbeitsverhältnisses, Übergangsgeld, Dienstwohnung.

2.A.1994. 239 S.
DM 12,90. dtv 5258

Beck
Das Recht des Auszubildenden im öffentlichen Dienst

Systematische Einführung mit praktischen Hinweisen und allen wichtigen Tarifverträgen und Gesetzestexten.

1.A.1994. 319 S.
DM 15,90. dtv 5628

Beruf und Karriere: Die richtigen Bücher für Ihren Erfolg

Beamtenrecht

BundesbeamtenG
BundesbesoldungsG
BeamtenversorgungsG
BundeslaufbahnVO
BundesdisziplinarO
Beihilfevorschriften

16. Auflage
1999

Beck-Texte im dtv

Der Start in den Beruf

Nasemann
Richtig bewerben

Praktische Hinweise für die Stellensuche, Inhalt und Form der Bewerbung, alle Rechtsfragen zu Vorstellungsgespräch und Einstellungstest.

4.A.1996. 144 S.
DM 9,90. dtv 50608

List
Neue Wege der Stellensuche

Wie Sie Ihre Chancen auf dem Arbeitsmarkt verbessern.

1.A.1997. 211 S.
DM 16,90. dtv 5897

BeamtenR · Beamtenrecht

BundesbeamtenG, BeamtenrechtsrahmenG, BundesbesoldungsG mit Anlagen, BeamtenversorgungsG, Bundesdisziplinarordnung, Beihilfevorschriften und weitere Vorschriften des Beamtenrechts, einschließlich des Reformgesetzes für das öffentliche Dienstrecht.

Textausgabe.
16.A.1999. 468 S.
DM 15,90. dtv 5529

Göpfert
Die argumentative Bewerbung

Tips für die Stellensuche, Bewerbung und Vorstellung.

4.A.1999. 194 S.
DM 14,90. dtv 5818

Jeske
Erfolgreich verhandeln

Grundlagen der Verhandlungsführung.
Dieses Werk stellt einerseits die strategischen Momente der Verhandlungsführung dar, verdeutlicht andererseits die Interaktionsaspekte, die für die Zielerreichung in Verhandlungssituationen erfolgreich gestaltet werden können.

1.A.1998. 238 S.
DM 16,90. dtv 50824

Briese-Neumann
Erfolgreiche Geschäftskorrespondenz

Perfektion in Form, Stil und Sprache.

1.A.1996. 280 S.
DM 18,90. dtv 5878

Briese-Neumann
Optimale Sekretariatsarbeit

Büroorganisation und Arbeitserfolg. Ein Leitfaden für Chefs und Sekretariatsmitarbeiter.
Das Werk stellt die wichtigsten Arbeitsabläufe und Strukturen eines Sekretariats dar und zielt auf die Optimierung der Zusammenarbeit zwischen Chef und Sekretärin. Praktische und umsetzbare Informationen mit Checklisten, Tips und Beispielen.

1.A.1998. 308 S.
DM 19,90. dtv 50804

Schmitt
Streß erkennen und bewältigen

Effektive Gegenstrategien.

1.A.1992. 200 S.
DM 12,80. dtv 5855

Schanz/Gretz/Hanisch/Justus
Alkohol in der Arbeitswelt

Fakten – Hintergründe – Maßnahmen.

1.A.1995. 281 S.
DM 16,90. dtv 5879

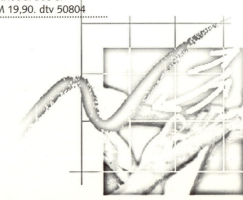

Betriebs- und Volkswirtschaft: Fragen und Antworten für das Management

Management und Marketing

Dichtl/Issing
Vahlens Großes Wirtschaftslexikon

4 Bände in Kassette.

2.A.1994. 2505 S.
DM 138,–. dtv 59006

Pepels
Lexikon des Marketing

Über 2500 grundlegende und aktuelle Begriffe für Studium und Beruf.

1.A.1996. 1237 S.
DM 39,90. dtv 5884

Pepels
Praxiswissen Marketing

1.A.1996. 349 S.
DM 19,90. dtv 5893

Becker
Das Marketingkonzept

Zielstrebig zum Markterfolg! Die notwendigen Schritte für schlüssige Marketingkonzepte, systematisch und mit Fallbeispielen.

1.A.1999. 233 S.
DM 17,90. dtv 50806

Bruhn
Kundenorientierung

Bausteine eines exzellenten Unternehmens.

1.A.2000. 383 S.
DM 24,90. dtv 50808

Schneck
Lexikon der Betriebswirtschaft

Über 3000 grundlegende und aktuelle Begriffe für Studium und Beruf.

3.A.1998. 823 S.
DM 34,90. dtv 5810

Schwan/Seipel
Personalmarketing für Mittel- und Kleinbetriebe

Dieser Band zeigt den modernen Ansatz des Personalmarketing:
· Entwicklungstendenzen am Arbeitsmarkt · Personalbeschaffung und Personalplanung · Personalkosten und Entgeltgestaltung
· Wege zum Bewerber
· Techniken der Personalauswahl · Arbeits- und Sozialrecht und Personalmarketing · Stabilisierung, Integration und Leistungsentfaltung · Personalabbau.

1.A.1994. 295 S.
DM 16,90. dtv 5841

Becker
Lexikon des Personalmanagements

Über 1000 Begriffe zu Instrumenten, Methoden und rechtlichen Grundlagen betrieblicher Personalarbeit.

1.A.1994. 455 S.
DM 24,90. dtv 5872

→

Kleine-Doepke/Standop/Wirth
Management Basiswissen
Konzepte und Methoden zur Unternehmenssteuerung.
Strategische Planung, Marketing, Kostenrechnung und Kostenmanagement, Investitionsrechnung, Bilanz- und Finanzanalyse.

2.A.2000. Rd. 200 S.
Ca. DM 16,90. dtv 5861
In Vorbereitung für 2000

Füser
Modernes Management
Lean Management, Business Reengineering, Benchmarking und viele andere Methoden. Dieser Wirtschaftsberater führt durch den Dschungel moderner Managementansätze und -theorien.

2.A.1999. 224 S.
DM 16,90. dtv 50809

Daschmann
Erfolge planen
Strategische Managementansätze und Instrumente für die Praxis.

1.A.1996. 265 S.
DM 16,90. dtv 5895

Rohr (Hrsg.)
Management und Markt
Unternehmensführung und gesamtwirtschaftlicher Rahmen.
Dieser Band zeigt die Mechanismen des Marktes und die unternehmerischen Handlungsmöglichkeiten in leichtverständlicher Form. Das Werk vermittelt fachübergreifend die Grundlagen des Wirtschaftswissens und eignet sich für Studium und Ausbildung sowie als Nachschlagewerk.

1.A.1994. 518 S.
DM 19,90. dtv 5871

Hofstede
Lokales Denken, globales Handeln
Kulturen, Zusammenarbeit und Management.
Kulturelle Unterschiede haben für Unternehmen, die nicht nur in ihrem Stammland tätig sind, weitreichende Bedeutung. Das Verständnis für diese Unterschiede und Hinweise, wie damit umgegangen werden kann, machen dieses Werk zu einem Klassiker.

1.A.1997. 442 S.
DM 26,90. dtv 50807

Neumann/Nagel
Neue Märkte – neue Kunden
Direktmarketing in Europa.

1.A.2000. 242 S.
DM 24,90. dtv 50837

Schäfer
Management & Marketing Dictionary
Teil I: Englisch-Deutsch

2.A.1995. 521 S.
DM 19,90. dtv 5815

Teil II: Deutsch-Englisch

2.A.1995. 514 S.
DM 19,90. dtv 5816

Schäfer
Management & Marketing Dictionary
Deutsch-Englisch/Englisch-Deutsch

1. Edition 1995.
1 CD-ROM für Windows.
Mit 20 Seiten Programmanleitung. DM 49,–.
Beck CD-ROM im dtv, Band 51815

Betriebs- und Volkswirtschaft: Fragen und Antworten für das Management

Pepels
**Lexikon
der Marktforschung**
Über 1000 Begriffe zur
Informationsgewinnung
im Marketing.
1.A.1997. 358 S.
DM 24,90. dtv 50803

Dichtl/Eggers (Hrsg.)
Marke und Markenartikel als Instrumente des Wettbewerbs
Aus dem Inhalt:
· Grundidee, Varianten
und Funktionen der
Markierung von Waren
und Dienstleistungen
· Die Psychologie des
Markenartikels
· Strategien zur Profilierung
von Marken · Der Umweltschutz als Herausforderung und Chance für den
Markenartikel · Das Markenrecht in Deutschland
und in der Europäischen
Gemeinschaft.
1.A.1992. 335 S.
DM 16,80. dtv 5835

Pauli
**Leitfaden
für die Pressearbeit**
Anregungen, Beispiele,
Checklisten.
2.A.1999. 223 S.
DM 16,90. dtv 5868

Kastin
**Marktforschung
mit einfachen Mitteln**
Daten und Informationen
beschaffen, auswerten
und interpretieren.
2.A.1999. 409 S.
DM 29,90. dtv 5846

Dichtl
**Strategische Optionen
im Marketing**
Durch Kompetenz und
Kundennähe zu
Konkurrenzvorteilen.
3.A.1994. 303 S.
DM 16,90. dtv 5821

Rota
**PR- und Medienarbeit
im Unternehmen**
Instrumente und Wege
effizienter Öffentlichkeitsarbeit.
2.A.1994. 203 S.
DM 14,90. dtv 5814

Schelle
**Projekte
zum Erfolg führen**
Projektmanagement
systematisch und kompakt
2.A.1999. 286 S.
DM 17,90. dtv 5888

Betriebs- und Volkswirtschaft: Fragen und Antworten für das Management

Heinrichs/Klein
Kulturmanagement von A–Z

Wegweiser für Kultur- und Medienberufe.

1.A.1996. 328 S.
DM 19,90. dtv 5877

Francke
Erlaubtes und Unerlaubtes in der Verkaufsförderung und in der Werbung von A–Z

Handel, Handwerk, Industrie, Gewerbe, Makler, Versicherungen, Reiseveranstalter und andere Dienstleistungsgewerbe.

3.A.1997. 319 S.
DM 16,90. dtv 5248

Mehrmann/Plaetrich
Der Veranstaltungs-Manager

Organisation von betrieblichen Veranstaltungen, Messen, Ausstellungen, Kongressen und Tagungen.

1.A.1993. 191 S.
DM 12,90. dtv 5867

Schulz/Schulz
Ökomanagement

So nutzen Sie den Umweltschutz im Betrieb.

1.A.1994. 483 S.
DM 19,90. dtv 5870

Volkswirtschaft kompakt

Hohlstein/Pflugmann/Sperber/Sprink
Lexikon der Volkswirtschaft

Über 2500 Begriffe für Studium und Beruf.

Dieses aktuelle Lexikon mit über 2500 Begriffen und vielen Abbildungen erklärt kompetent, präzise und verständlich das Wichtigste aus Ordnungs- und Wettbewerbspolitik, Geld- und Fiskalpolitik, Außenwirtschafts- und Entwicklungspolitik, Sozialpolitik und Agrarpolitik.

1.A.2000. Rd. 700 S.
Ca. DM 29,90. dtv 5898

In Vorbereitung für Anfang 2000

Wagner
Volkswirtschaft für jedermann

Die marktwirtschaftliche Demokratie.

2.A.1994. 160 S.
DM 13,90. dtv 5822

Thieme
Soziale Marktwirtschaft

Hintergrundwissen zu Zielen und Instrumenten: Ordnungskonzeption und wirtschaftspolitische Gestaltung.

2.A.1994. 153 S.
DM 12,90. dtv 5817

Sinn/Sinn
Kaltstart

Volkswirtschaftliche Aspekte der deutschen Vereinigung.

3.A.1993. 332 S.
DM 12,80. dtv 5856

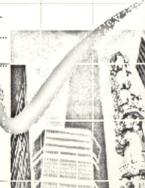